古村徐墖

吕业民 著

徐墖——一个包容、友善、向上的村子。

徐墖，徐徐走来……

江苏人民出版社

《古村徐塘》编委会

主　任　刘金萍

副主任　孙　敏　任小四　焦　文

委　员　（按姓氏笔画为序）

孙　敏　孙发丽　任小四　刘长华

刘金萍　吕业民　陈　希　陈　浩

张元祥　吴华强　苏银章　徐从照

陶　杨　焦　文　曹华欣　董书龙

编　撰　吕业民

摄　影　吕业民

编辑单位　江宁区淳化街道青山社区

传统村落，
是记得住的乡愁。

江苏足球训练基地
山
龙
青
佘村
李家
佘村
潘氏住宅
潘氏宗祠
天宝山
大连山
黄龙山
上庄
新林村
下庄
徐墙村
青山
云居寺
许墙
杨家庄
邓家庄
花塘
戴马墅
大山凹
孙家边
迎湖花园
梅珑雅苑
东山头
龙山云居
淳化
旺运花园
梅珑雅苑
淳湖佳苑
巷口村
松山
上漆阁
七里岗
石子涧
三里店
青龙新苑
严家边
唐家村
下漆阁
后祁
桥头
吴墅
祁家边
后村

徐塍村鸟瞰图

徐壒记忆

徐墖记忆

徐壒记忆

乡愁徐塘

乡愁徐墖

徐墖村边抗战时期碉堡

徐墖村元宵跳鼓时所穿束腰

徐墖村古建筑部分墙体

徐墖村大巷

部分村民座谈村史

徐墖小学旧址（吕氏宗祠）

乡愁徐墖

柯奇老师1992年从台湾回徐墖探访故人

徐墖村东云居寺石桥

作者偕妻潘小红在望乡台

乡愁徐壒

村民跳广场舞

村史馆开馆剪彩

乡愁徐墉

社区两委成员与作者合影

刘金萍书记一行现场研究村容整治

乡愁徐壒

南场上新建小广场

拓宽村东路

乡愁徐墖

环境整治后的鸭塘

挥洒心血记乡愁

——序吕业民《古村徐壋》

赵慕明

我几乎没有给人做过序，因此还得罪过文友。与业民君相识不久，为何欣然命笔呢？想来，或许是缘分。再细想，该是被他为人处世的细节打动吧。

记得今年初，他为村史馆的事来区乡贤促进会“求教”。因其只介绍自己“当过民办教师”，我一度不知道他是大学本科生、研究生，高级职称，更不知道他退休前曾任南京市商业储运公司党委书记、市供销合作总社人事处处长等职。他的官本位意识颇淡，这从他取的笔名“青山野老”（青山是他家乡的社区名）也可见一斑。我曾对他戏言：“野老”，过谦了吧。虽然你不能与唐代告老还乡写出“笑问客从何处来”的贺知章（官至礼部侍郎）相比，但至少也该称“青山归客”呀。

以“野老”自得的业民君，在社区领导和广大村民的支持下，只用一个半月时间就依托旧祠堂建成徐壋村史馆，并于去年元月开放。村史馆里，一块块图文并茂的展板让古老的祠堂蓬荜生辉。八百载山村的沿革、姓氏、民俗、乡贤、家训、善行……浓缩的是历史的记忆，承载的是村民的乡愁。

村史馆里的参观者络绎不绝，报社、电视台记者纷至沓来。面对好评如潮，业民君并没有满足。他考虑的是，村里的青壮年常年在外务工，难得回村，而久居异乡乃至国外的游子更无缘于村史馆，又如何慰藉他们的乡愁呢？

“我想写一本书，书名就叫《古村徐壋》”，这是今年仲春（3月28

日），业民君在徐墶村史馆对我所言。未料到的是，仲夏（7月7日），他竟拿出了厚厚的书稿要我"审阅"并作序。惊讶和感动之余，我也只能从命了。

拜读《古村徐墶》，书分十二卷。前十卷按题材划分：山水名胜、古迹遗址、姓氏宗族、民俗民风、乡村治理、教育卫生、古今人物、抗战故事、凡人善举、"文革"往事，分门别类介绍徐墶的自然、人文的方方面面。一个自然村能列出如此系统的篇目，撰写近二十万字信息，除了村庄本身古老，算得上一座"富矿"外，与业民君勤奋发掘、留意收集是分不开的。三十多年来，业民君虽身在城里工作，但对生于斯长于斯的这片田野村落怀有深厚的乡情。2009年，他退休的当年就回到家乡居住。为了在更深的层面了解家乡，他研读方志、请教耆老，实地实物细加考察。徐墶村周边的老虎洞、云居寺、黄龙埝、望乡台，无不叠印下他的足迹。贯穿徐墶的古道路从哪边来，往哪边去；村边明代建的石拱桥有多长、多宽；村里小街石板路上独轮车留下辙印有多宽、多深；被毁的古牌坊刻有文字的石构件砌在哪座房子的墙壁上……他都了如指掌。俗话说，台上一分钟，台下十年功。不用过多说明，我们已经明白，业民君为什么一个半月就建成村史馆；为什么四个月就写出《古村徐墶》。

书中后两卷的内容与前有所不同。第十一卷"三言两语说村史"，收入三十多位村民的回忆短文。多是耄耋老人，年龄最长者九十二岁。倾听记录他们心中的记忆和故事，就是记录历史、记录乡愁。对徐墶村而言，这可谓一项功德无量的抢救工程。第十二卷附录，则将村民"众筹"建村史馆的盛况、捐款名录及参观村史馆留言等辑录汇编其中。这里，记下的其实是明天的村史。

"天行健，君子以自强不息。"业民君以古稀之年完成大著，可谓人生事业又一春。愿《古村徐墶》成为记住乡愁的读本，并在"山水画乡"的规划建设中充分发挥软实力。也愿业民君身健、笔健，撰写出家乡新的华章。

2018年9月28日于东山下南书房

（本序作者系中国散文学会会员、江苏省作家协会会员、南京古都学会理事、江宁区乡贤文化促进会顾问）

目录

概 述

徐墶村坐落于千年古镇淳化东北两公里处，始建于南宋初年，至今已有800多年的历史。村庄依山岗而建，俯视四周，雄踞一方，扼守着自京口、句容而达南京的通京古道，与古淳化关成犄角之势。

村中建筑宏伟古朴。原有一座九十九间半的豪门大宅，其大门口有十八级台阶拾级而上，人称“十八步”，后毁于洪秀全兵火，现仅存一些遗迹、遗物。村子自东向西有六座拱门，气势不凡。东门楼子高两层，造型独特，楼上四壁有彩绘人物。村子中央还有两座奉皇帝圣旨而建的功德牌坊。这些均于“文革”中被毁，现仅存两块稍有残缺的青石匾额，其中一块题曰“旌表故儒吕源妻孙氏之德”。村中一座“吕氏宗祠”形制雄伟，三间三进，门口一对石鼓（也称“户对”）直径约有一米，实属罕见。横贯东西的古道全由80厘米见方，30多厘米厚的巨大青石铺砌而成，其上的车辙印深达一拳。紧贴村子东门的右侧，有一座形似青螺的小山，山势挺拔，甚是隽秀，名“吕家山”。村口往东400米处就是著名的南朝古刹云居寺，绿树掩映，碧水绕行，庄严而又清幽。虽经岁月消损，现仍存大雄宝殿和藏经楼，不过已风雨摇曳，亟待修葺。附近还有两座石砌拱桥，相传为明代所建，造型优美，古风盎然。

村西口有古望乡台，再有周林岗。周林岗及村北的杨梅山、村东北的炮台山均有抗日战争南京保卫战时所修的钢骨水泥碉堡。现存的四座碉堡距村仅四五百米，其上有密密的弹痕，是中国军民英勇抗战、抛洒热血的铁的印记。村西的石牛巷口还有一尊石刻卧牛，重三千余斤，乃古物神兽，可惜前几年被盗矣。

该村现属淳化街道青山社区辖，全村310余户，1100余人。村民原以务农为主，现青壮年大多外出务工，村中留守老人居多。近年来，在社区新领导班子的带领下，该村一改之前的凋敝之态，焕发出新的生机和活力。村子朝南一条新开辟的柏油马路宽阔平坦，耗资两百多万，大大改善了该村的交通状况。该村现已被《南京市江宁区 2016–2030 年规划》列为青龙山郊野公园之“山水画乡”的三个保留村之一，发展前景良好。村民群众正信心满满地朝着社会主义新农村目标大步迈进。

附：

祖先 故乡

“中国人并非没有信仰，只是他们信仰的是自己的祖先而不是宗教人物。所以，‘落叶归根’就是中国人的精神信仰，‘不给祖宗蒙羞’就是中国人的奋斗目标。” 说这段话的人，是前联合国执行局主席特维叟·莱特。

中国人的信仰是对传承的信仰。“祖先崇拜”让他们同时具有保守和奋进两个特质，一边守护祖先的荣誉，一边奋进争取更大的荣誉。“魂归故里，落叶归根”，在中国人心中，这是比财富还更重要的事情。无论生前多么富有，如果死了不能葬在祖辈生活过的地方，那是巨大的遗憾。

在中国人的意识中，自己和故乡、祖先，是一体的。对故乡的挂念就是对祖辈的挂念，对祖辈的祭拜就是对故乡的祭拜。有多少人少小离家老大回，就是因为这份情怀的驱使；有多少人生在他乡，却对父辈口中所说祖籍有着天生的向往。

祖先埋在哪，我们的根就在哪！

从黄龙埝看青龙山

一

山水名胜

SHAN SHUI MING SHENG

古村徐墙

XU AI OF ANCIENT VILLAGE

徐塍村山川形势辨

徐塍村地处青龙山南麓，属低山黄土丘陵带。这里，一道道南北向的山梁与一条条田冲相间，高低起伏，地形复杂，历来为兵家必争之地。

青龙山一角

青龙山是宁镇山脉的西段，位于江宁区境东北部，跨东山、淳化、麒麟、汤山街道。据清代同治《上江两县志》载，此山“重峦叠嶂”、“迂回曲折”、“石坚而青”，故名青龙，又名青山。《南唐书》称“后主猎青山”，即此。据说，此山有81座山峰，其中海拔200米以上的山峰有：大连山、钓鱼台、小茅山、千二山、老窑山、五条岭等约20座。主峰大连山海拔有282米。上世纪70年代前，青龙山大部分为荒山秃岭，漫山都是柴草和灌木，还有一些马尾松、栎、楮、黄檀和多种中药材。70年代开始，政府发动群众大规模植树造林，青龙山大部绿化，马尾松和杉木郁郁葱葱，已成林成片，荒山披上了新装。

新中国成立前，徐塍村所占据青龙山南麓的一片山林有4平方公里左右，以山岭分水线为界，有高木山、黑石头山、石浪、大同山、小同山、塌塌山、陡百米、大山头，还有深凹（蘼芜涧）、猪嘴凹、黄龙埝、大埝、狼窝、裤子裆、椅子背、骆家凹子等。黄龙埝水库就在这片山林之下方，原亦属徐塍村领地。

自深凹、猪嘴凹、黄龙埝而下，有一条溪涧往南而泻，顺徐塍村东侧，穿金刚坝、抗旱坝、云居寺大坝，流经上堰、戴马墅、孙家边、石子涧、涧边村、赵家边，在古“梁台”边直入句容河（秦淮河），故此溪又称“梁台河”。

作者与山林防火员鲁顺同在深凹

徐塍村所踞山岗呈南北走向，北段称“杨梅山”，南段是“吕家山”、“娘娘山”。村东和村西均为“田冲”，为层层梯级而下的水田。鸟瞰徐壗，但见一道山梁横亘南北，一座村庄雄踞山岗，一条涧水村前流过，一条古道贯穿东西。这在尚没有由句容经土桥而达淳化的公路的时代，徐壗村确是扼住了通京古道的咽喉，与古淳化关形成掎角之势。

综观徐壗村的山川形势，真可谓是“背倚青龙山，脚踏秦淮河，横亘通京道，辅弼淳化关”。感谢我们的老祖宗，选择了这么一块“要冲宝地”，留下了这么一座“古老村落”。

附：李白咏青龙山诗（选自《全唐诗》第176卷第35首）

《送殷淑三首·其二》

唐　李白

白鹭洲前月，天明送客回。

青龙山后日，早出海云来。

流水无情去，征帆逐吹开。

相看不忍别，更尽手中杯。

【注释】

1. 李白（701—762年），字太白，号青莲居士，又号“谪仙人”，是唐代伟大的浪漫主义诗人，被后人誉为“诗仙”。

2. 白鹭洲：古代长江中的沙洲，在今南京市水西门外。

3. 青龙山：又名青山，在今南京市东南。

【译文】

白鹭洲前的明月啊，天明的时候请送我的客人回家。

青龙山后面的太阳啊，别太早地浮上海云来。

流水可以无情而去，征帆却要风儿吹开。

怎么舍得你离别？让我们干杯，再干杯！

吕家山

此山因史上为吕姓大户所有而得名。其位于村东门口右侧，高30米左右，南北长500多米，东西宽200多米。远观，似青螺横卧；近看，如猛虎蹲踞。山之东坡，青松翠柏遮天蔽日；顶部及西坡，大片茶园碧绿如茵。登上山顶，俯瞰四周，或见田野阡陌纵横，或见房舍鳞次栉比。近处的云居寺，绿树掩映；远处的青龙山，延绵不绝。更有那些大大小小的水塘、水坝，如片片银镜镶嵌在大地上，波光闪闪。若至清明时节，但见麦苗青青、油菜黄黄，遍野如黄绿相间的地毯，在绿水青山映衬下，真乃一幅绝妙山水画卷，令人陶醉。

吕家山

此山还是观日出的绝好去处。凌晨，当红红的太阳从东方的天宝山峰的侧面，冉冉探出脸来时，大地、山川、寺庙，连同观日出的人自己，都沐浴在灿烂的金光之中了。

青龙山深凹的茶园

杨梅山

杨梅山

杨梅山位于村子北面二三百米处，是青龙山的余脉，黄土山丘，山势平缓，海拔高度略低于吕家山。山上较少树木，多为旱地，以种植旱谷为主。早年，此山曾种植许多杨梅。夏季，杨梅成熟了，紫嘟嘟，水灵灵，酸甜甜，令人直流口水。后来，杨梅树没了。上世纪60年代，这里变成了徐塆七队的桃园。每年桃子成熟时，红通通的甜桃，肩挑车载，畅销于十里八乡。

在此山的制高点，有一座钢骨水泥碉堡，其火力可控制东面大片开阔地，其上有密密的弹痕，刻下了中国军队与日寇血战的印记。

在山的东南侧，还有一块洼地，叫“螺蛳堰”，从前是个乱葬地，专抛死婴的地方，有点瘆人。上世纪70年代，生产队搞格田成方，旱地改水田，这里的面貌有了改变。

望乡台

村子西边，“合塘”头上，就是名闻遐迩的“望乡台”，是人们寄托乡愁的地方。这里地势较高，视野开阔，其上原有巨大的石台石柱，可供将离乡谋生或返乡探亲的人流连一番，观望一番，以感受一番乡愁和乡情。

在这里，往东，可一览徐塃村的身姿倩影，会激起“游子”对家乡的无限依恋之情。往西，可一眼望到远方的牛首山、方山，附近的淳化镇、西山头、老虎洞（虎洞明曦）等，更是尽收眼底。

当秋高气爽之日，天朗气清之时，你若站在这望乡台上，远处方山上的树木都清晰可见，近处田野里的庄稼更历历在目。看那蓝天白云，一碧如洗，大地锦绣，稻黍涌浪，真有一种“极目‘吴’天舒”的意境。若至傍晚时分，见那夕阳西垂，晚霞似火，映着“合塘”里的宁静水面，又是另一种绚烂景色，真叫人难以忘怀！

望乡台北面200来米处，就是石牛巷口，原有一尊青石雕的石牛，造型生动，乃护村神兽，重达3000余斤。

望乡台小荷塘

小赤壁

据清《金陵待征录》载："云居寺前水，即石子涧之上流，其源从青龙山出，伏流至赤壁乃见。小山土红，俗名赤壁，多白山茶花。至寺前始有居人，故清而甘，过徐墖味即改矣。"

小赤壁

这"赤壁"就在徐墖村东400米的炮台山下、抗旱坝上。它高约两三丈，长约200米，赤色砂岩裸露，呈赤褐色。这儿一边是悬崖峭壁，一边是平静的湖水，若是乘一叶扁舟，荡于此峭壁之下，亦能触发出一丝思古之幽情。

此炮台山上也有抗日的碉堡，也曾发生过激战。炮台山东北侧还蕴藏有优质陶土矿。上世纪70年代至上世纪末，淳化陶土厂就在此处，成为当时地方上的一个重要财源。

吕业新、吕业民在故居

《金陵待征录》“许墖”、“徐墖”之辨误

明代古石桥

清代金鳌所撰《金陵待征录》（南京出版社）（2009年，第66页）载：“云居寺前水，即石子涧之上流，其源从青龙山出，伏流至赤壁乃见。小山土红，俗名赤壁，多白山茶花。至寺前始有居人，故清而甘，过许墖味即改矣。”这里所称“许墖”，应是“徐墖”之误。

徐墖与许墖是两个不同的村子，相距约三华里路。徐墖是个古老的大村，距云居寺不到一华里，而许墖是个后起的小村，规模不足徐墖的三分之一，距云居寺有近两华里路，此其一；云居寺与徐墖隔一条田冲相拥相望，它周边的田地和水坝历来皆为徐墖所有，与许墖一点关系也没有，此其二；云居寺与许墖之间隔着一道山梁和一条田冲，从地理位置上看也较隔绝，相距较为疏远，此其三；最后，也最重要的是，云居寺前这道涧水，自云居寺大坝和古石拱桥往南，一直流向孙家边村，然后折向东南，流经石子涧、涧边村、往南直入句容河，其根本就没有与许墖擦上边。

由此可见，《金陵待征录》上的相关文字是有误的，可能是因“徐”与“许”两字读音相同、相近，易于混淆而已。作为后世读此志书者，对此须加以辨识。

蘼芜涧

赵慕明先生在蘼芜涧

蘼芜涧位于青龙山南麓，当地人称“深凹”，距徐塘村仅约一公里，其山林权益原为徐塘村所有。这里山谷幽深，树木繁茂，涧水潺潺，长流不息。山野多蘼芜(其甫名芎或川芎),故名。清《四库全书·广博物志 卷十九》载：“刘瓛居上元青龙山，为儒林之宗，仕至四十未婚。其友为娶王氏，乃诣涧折芜而去，因名蘼芜涧。”清同治《上江两县志》记载金陵故事，也称“齐处士刘瓛居此，曾就涧折蘼芜而去”。刘瓛，魏晋南北朝时齐人也，为当时文坛之领袖，有相当的历史地位。蘼芜涧也因其而闻名。

注： 1. 瓛：音 huan，古代的一种玉，长九寸，玉圭的一种。多用于人名。

2. 蘼芜：一种香草，又名薇芜、江蓠、芎藭、芎、川芎。为双子叶植物，伞形科。据辞书解释，其苗似芎藭，叶似当归，香气似白芷，是一种香草。妇女去山上采撷蘼芜的鲜叶，回来后于阴凉处风干，可做香料，亦可做香囊的填充物。古人相信蘼芜可使妇人多子。

黄龙埝水库

黄龙埝水库

黄龙埝水库位于蘼芜涧下游，处徐墖村正北约600米，始修于1958年，1959年水库主体竣工，并建有一低涵便于自流灌溉。此后利用冬休春闲季节逐年加高水库堤坝。1966年又建一高涵。1970年水库基本竣工。该水库堤坝长420米，高15米，堤坝高程70.2米，集水面积4.7平方公里，总蓄水量达220万立方米。是淳化镇最大的水库。2006年，政府又投资376万元加固该水库堤坝，使其更好地发挥了效用。

库区原有一座叫“牛王墩”的小高墩，上面有一座小庙，现已淹没在水库的水底了。

该水库湖面约80万平方米，山涧造湖，山水相映，波光潋滟，景色绝美。山间竹树繁荫，茶园茂盛；四周杨柳依依，野花飘香。若至天朗气清，但见上下天光，一碧如洗，旖旎风光，尽收眼底。若夫细雨霏霏，但见云烟氤氲，山形隐约，朦胧景色，令人醉迷。

附：　　黄龙埝水库的前身——棉花公司

上世纪40年代后期，青龙山南麓、徐墖村北面，曾有一个“棉花公司”，其地界即今天的黄龙埝水库一带。这里原有200余亩耕地，另有近千亩山林，都属徐墖村所有，为“村产”。因当时徐墖村与山后的贾家村为砍柴纠纷发生械斗，徐墖两人受伤，而对方却死了一人。官司打到县里，徐墖的村董朱

黄龙埝水库

永柱（人称“朱大爷”）被关押，最后判徐壒村赔偿一大笔钱，才能放人和平息官司。为了筹集这笔资金，村里决定将黄龙埝一带200亩冲田和近千亩山林卖给一个美国资本企业（当时的联合国救济署名下的一个企业）。美国人在这个地块上兴办了“棉花公司”，试植良种棉花。美国人聘用了一个叫蒋光荣的人当经理，负责棉花公司的经营管理工作，人称“二地主”。他雇了一批人从事耕作。新中国成立后，此棉花公司收归国有，后来就成了“国营南京青龙山林场”的山涧分场。

1958年，政府决定在黄龙埝一带修建黄龙埝水库，调集大批民工，用了两年时间，于1959年底，水库建成投入使用，开始发挥蓄洪和灌溉作用。

虎洞明曦

老虎洞前石壁

徐墭村西北约2公里处有“老虎洞”景区，清代“金陵四十八景”之一的“虎洞明曦”即指此。老虎洞山紧挨钓鱼台峰，这里巉岩峭立，树木繁茂，石洞幽绝，霞光映照，景色甚佳。相传，这一带一向风调雨顺，五谷丰登。但有一年久旱不雨，田地干裂。这石洞中跑出一只斑斓猛虎，到了山下用爪刨土，很快刨出一眼清泉。泉水清澈甘甜，汩汩涌出，灌溉了农田，救活了庄稼。人们说这是神虎相救，遂将此虎奉作神灵，将此洞视作仙府，每年都来膜拜。此洞入口约一间房大小，里面有一较狭的洞口往下延伸，深不可测，然可看到不少形态各异的钟乳石。有人说此洞可通东海。明代诗人黄姬水有“笋玉标为柱，芙蓉削作城”诗句咏此。清代画家“长干客”在“虎洞明曦”画中题曰：“该洞不甚宽奥，而群山环立，云光吞吐。洞外一庵，竹树掩映，土地平旷，游人至是憩焉。”清末张通之有诗云：“洞既不宽又不臭，只求容膝易于安；深山大泽藏凶物，此虎光明另一斑。”

虎洞明曦

经时年变迁，“虎洞明曦”之景渐渐不著。洞旁一庵，曾香火颇胜，后亦焚毁。更有近几十年，这里大肆开山取石，风景遂遭严重破坏。但如今一洞尚存，洞顶的绝壁上一个大大的“佛”字尚在。此佛字大约4平方米，笔力遒劲，雄浑大气，仍不失观赏价值。“佛”字下方有一条仅容一人通过的狭小通道，称“一线天”，堪称奇境。至今，每当春晓夏晨，若登临此处，见峰峦林谷之间，云蒸霞蔚，气象万千，仍不失“明曦”之美。

附： 探寻“老虎洞”

家乡的“老虎洞”，我五十年前曾游过，相违已久，不知近貌如何？今日，我约了友人张家方一道去探寻，欲再赏“虎洞明曦”胜景。清晨5时，天色微明，即从家出发，穿过田间小道，直奔老虎洞山而去。

露水打湿了裤脚，晨风轻拂着面庞，虽山路陡峭，我们却步履轻快，十分惬意。半小时后，我们来到山顶一块孤立突兀的巨石下面。此石高约10多米，状若一老翁，甚是雄伟。正欣赏间，忽见太阳已经从东边山峰的背后探出半个脸来，衬着绚烂的云霞，转眼间，像一轮金盘跃上天幕，把万道光芒洒向大地。见此景色，我有些陶醉了！这就是“虎洞明曦”再现吗？我们还没到老虎洞口呢！不过，我还是赶紧拍了几张照片，以记录下这“明曦”。

为寻虎洞，我们继续攀爬。山上杂树丛生，荆棘横陈，乱石绊脚，绝壁挡道。费了“洪荒之力”，衣服也被划了几道口子，我们终于来到“老虎洞口”。只见这里真的是巉岩峭立，石洞幽绝。两边的峭壁高约数丈，夹在中间的一条峡谷宽仅数尺，难怪古人称此为“一线天”。“老虎洞”的岩洞口已遭掩埋，但这里怪石嶙峋，古木参天，光线幽暗，堪称景色奇特。再看那峭壁高处，除了有几棵从岩缝中伸出的碗口粗的怪树之外，在一片光滑的岩壁上，约6米高处，赫然见一“佛”字，有两米见方，字形古拙苍劲，观之令人慨叹。

此峡谷之中，有两棵树给我印象深刻：一棵是黄檀，属稀有树种，直径有30多厘米，树龄恐怕已在百年以上；一棵是枣树，有碗口粗细，长在离地1米多的峭壁岩缝之中，据说每年都结出很甜的“牙枣”，也算是“奇树”了。

出峡谷往西南而下，走不到 20 米，忽见一片不大的平地，其上有不少乱砖碎瓦，还有几块方正的青石板，这明显是一处废墟。看来，这里就是那“洞外一庵”了。目睹此景，我不免生出几分“沧桑”之感来。

下山的路仍然崎岖。太阳已经老高，热气已经逼人。我和家方君一路小逛，欣赏着这江南初夏的田园风光，回味着“虎洞明曦”的瑰丽景色，真觉此行不虚。

2018 年 6 月 12 日午后于家中

老虎洞旁巨石

二

古迹遗址

GU JI YI ZHI

徐塘村道路交通考

据1989年版《江宁县志》载，“1933年，从南京通济门经高桥门、上坊、淳化，有石砌马路可通句容，路面宽2米，不能通汽车。1959年始修淳化至土桥的碎石公路，宽仅5、6米。1968年接通句容，为江宁、句容两县间主要通道之一。1985年淳化至七里岗段4公里加铺沥青，路基拓宽到12米，路面宽9米。”又据2011版《淳化街道志》载，“1985年加铺添砖和沥青，路基拓宽到12米，路面宽5~6米”。现在的104国道淳化至土桥段，是20世纪90年代和21世纪初，经两次改、扩建而成的。新104国道淳化段路面已达30多米宽，全部是沥青路面了。

徐塘村古石板路

由此可见，在以往数百年间，句容经土桥、淳化而至南京的道路，仅是一条石板古道。史称淳化乃至徐塘“扼京口、句容而至南京的通京古道”之说是成立的。

另从历史遗迹来看，贯穿徐塘村的那条古石板路，从东边的孟墓、插花庙、清凉庵，以及孙家边、许塘而来，向西往淳化而去，2米来宽，石板铺就，其上有深深的车辙凹痕。还有那村东的两座明代石拱桥，其造型优美，结构坚固。

这些无不在向人们昭示：这条路曾经多么繁忙，车水马龙，川流不息。

清朝末年，官府在徐壋村东2公里多的天宝山开办青龙山煤矿，所采的煤炭就是用独轮车经这条石板路运出的。1958年，政府又重开青龙山煤矿，方投资修筑了一条经云居寺、七里岗而达淳化的弹石公路，煤炭开始用汽车运出了。

在改革开放新的历史时期中，淳化地区的社会、经济发展突飞猛进，国道、省道、县道和乡村公路纵横交错，四通八达。而徐壋村的交通状况反而日渐落后，变得闭塞了。近两年，青山社区想方设法，筹集220万资金，为徐壋村往南新辟了一条长达1.2公里、宽8米的沥青公路，在一定程度上缓解了徐壋人的出行困难。今年，社区领导又在设法拓宽徐壋村东长约600米的马路。同时，还在与上级有关各方联系，力求让徐壋村通上公交。

合塘桥

徐壋村古石板路

云居寺前石拱桥

坝与桥

青龙山数条山涧溪水在黄龙埝汇合后，流至徐壏东边的“小赤壁”下，被一道拦水坝挡住，形成了一个约十几亩大小的水面，这就是“抗旱坝”，是徐壏村的先人们在数百年前就修成的水利工程。此坝长约200来米，呈L形，坚固结实，一直较好地发挥着阻挡山洪和蓄水灌溉的作用。坝下50来米，有一座明代石拱桥，村人称之为“东边桥”，桥面宽约丈余，造型古朴而精致。

涧水继续往南奔流半里多路，就进入了云居寺大坝的湖区。这里水面约五六十亩，从西、南两面拥抱着云居古寺。一道长长的大堤凝结着世世代代徐壏人和寺里僧人的汗水，守护着这一方水土和一方人。大堤东部有一道翻水坝，全由巨大的青石板和青石条砌成，气势磅礴。坝下有一深潭，潭上又有一座明代石拱桥，比“东边桥”更大、更高、更美，当地人称“大桥”。

这里的堤、坝和桥，紧靠云居寺，给该寺平添了几分古韵、几分优美。遥想当年，这里古刹庄严，古木参天，古桥飞虹，古堤延绵，更有那水波荡漾，杨柳依依，真乃一块福地净土也。

明代古桥——东边桥

古牌坊

徐墖的村子中间，原有两座相对而立的牌坊，为明、清时代的敕建功德牌坊。一为砖雕砖砌，一为青石造就。这两座牌坊均属于吕氏家族。

砖砌牌坊坐南朝北，面街，形制独特。其高约 5、6 米，长约 12 米，三开间，两端折向前面作拥抱之势。距主墙 2 米，与两端墙体接合，还有一道高约 1 米的柜台状砖墙，台面为长长的青石板铺就。整个牌坊犹如一个高背长沙发。

此牌坊正面有大片精美的砖雕。其额上有一匾额，上书“聖旨”二字；其下方还有一横匾，约 4、5 米长，其文字内容已无人能记得清了。从其砖雕的精美程度和风格来看，很类似南京明孝陵明楼前两侧的砖墙雕刻。据此可以推测，此牌坊可能为明代建筑。据吕氏老辈人说，这座牌坊是旌表吕家一位未出嫁姑娘的，是一座“贞洁坊”。

青石牌坊在砖砌牌坊的斜对面，错开约 3 米，坐北朝南，也面临街道。其形制与皖南的越樑牌坊类似，高大巍峨，雕刻精美。其上有一竖状匾额，书“孝節”二字；其下方有一横匾，上书“旌表故儒吕源妻孙氏之德”，为清代前期建筑。吕源是徐墖村吕姓先人，据传“乾嘉”年间在朝为官，进士及第，官居翰林。但因“吕氏宗谱”在“文革”中被抄家焚毁，吕源其人生平已难以具体考证。

此两座牌坊现均已被毁，砖牌坊毁于 1958 年大跃进时，石牌坊毁于 1966 年“文革”初期。现仅有石牌坊上的两块刻有“孝節”和“旌表故儒吕源妻孙氏之德”的残缺石块，尚被砌在原生产队牛圈的墙上，方幸以保存。

吕源牌坊及其石刻

古树名木——香橼

赵慕明先生与作者在香橼树下

在徐墟村子中部一户人家的后院里，有一棵树龄已逾百年的香橼树。它长势顽强、遒劲，虽曾遭受严重虫害，直径约 30 厘米的树干被蛀掉大半，只剩下 30 厘米宽、5 厘米左右厚的边皮。但令人称奇的是，它的上部却依然枝繁叶茂，树冠高达 7 米，枝丫横伸，绿荫冠盖，生机勃勃。春天，它满树白花；秋天，拳头大的香橼果挂满枝头。这果实金黄色，溢着清香，放在家里的几案或床头，既可观赏，又可清心爽喉。而那南北货商店里卖的“代元饼”，就是这香橼果制作的一种蜜饯，可消食、止咳。

有趣的是，2008 年，这棵树的根部，紧贴树干，又发出一根新枝条，笔直，茁壮，十年下来，已有胳膊粗了，长势很旺。

《江宁县志》上记载，龙都南窑村有一棵香橼树，被列入古树名木保护。可与之相比，徐墟的这棵香橼树要更粗大、更古老、更沧桑，更具有观赏价值。有古树名木贩子曾几次想买走这棵树，都没有得逞。

注 1：香橼（学名：Citrus medica L.）芸香科植物，又名枸橼或枸橼子，属不规则分枝的灌木或小乔木。叶片椭圆形或卵状椭圆形，叶缘有浅钝裂齿。总状花序，果椭圆形，重可达 200 克，果皮淡黄色，粗糙，难剥离，果肉无色，近于透明或淡乳黄色，爽脆，味酸或略甜，有香气。生于海拔 350 米到 1750 米的高温多湿环境。产中国台湾、福建、广东、广西、云南等省区，南方较多栽种。

2：《江宁县志》(1989 年版）载：香元（橼）树，位于龙都乡南窑村一庭院内。树高约 6 米，有 5 条叉枝，每条直径为 10 厘米。这株树长势茂盛，果实累累。

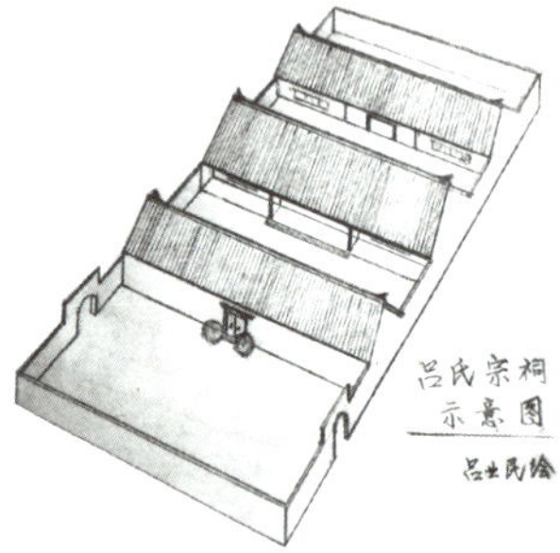

吕氏宗祠

吕氏宗祠位于徐墖村中央，临街而建，坐北朝南，占地约700平米。其屋宇高大、造型古朴、布局严谨、简洁大气，从建筑风格和所用建材来看，应为明代建筑。

宗祠有前后三进，门前是一广场，门口有一对石鼓（俗称“户对”），高约1.5米，鼓面直径约有1米，实属罕见。

第一进房屋高挑宽敞。约有90平方米。经过一道夹墙“仪门”，就进入了中央的大“天井”，面积也约90平方米。这里青石铺地。东、西、南三面的围墙高约5米，表面用水磨青砖镶砌，在1.5米高度以上部分形成四个巨大的镜框状版面，上书“自强不息”四个白底黑字，每个字足有6平米大小，端庄大气，卓尔不凡。

第二进是宗祠的正厅，乃宗族举行重大活动之所。其面积约110平方米，高约9米，硬山，大脊。这里由四级青石台阶而上，有门廊、隔扇，厅内“金砖”铺地，有粗大的立柱和柁梁，檩条和椽子用料考究，屋面“望砖”铺底、小瓦铺面，屋外顶部有高约二尺的“站脊”，两端翘起，剑指苍穹。

出正厅后门又是一个天井，面积较小。接着，再上几级青石台阶，又是一座三开间的后殿，乃安放列祖列宗牌位之所，庄严肃穆。再后面，就是后园和后围墙了。

宗祠门前广场有近180平方米大小，高墙环抱，东西各有一拱门，宽约八尺，高约一丈二尺。广场用大块青石铺地，南面还有一个高约1.5米的戏台，这里是全村人举行集会的场所。紧贴东拱门的外口，有三块巨大的青石条铺在村子的总下水道上，这就是有名的“三家桥”。西拱门外再往西约10米，又有一座拱门，其形制与那两座拱门一样。这道门以西，就是那两座牌坊了。

这座宗祠自上世纪40年代起，曾有三四十年时间办徐墖小学，后来又办幼儿园。其建筑屡遭破坏，现仅有正厅尚得以保存，作为“徐墖村史馆”之用了。

罕见奇树

在徐墖村中部“吕氏宗祠”正厅后门的门头上方，有一株罕见的奇树。这是一棵朴树，已逾百年之龄。它挺立在砖砌门额之上，扎根于砖缝墙体之中，粗若胳膊，高约 2 米，老干虬枝，枝繁叶茂，亭亭玉立，风姿绰约，虽因生存环境特殊而生长缓慢，但仍是生机勃勃，显示出了非凡的生命力。村里人称之为“天种神树”，对其怀有敬畏之心。

村里一些 90 岁左右的老人们说，在他们很小的时候，就看见这株奇树了，这么多年来也不见它长高长大，但每年都是绿茵茵的。它秋冬落枯叶，春天萌新芽，夏天亭亭若盖似一把伞，庇佑着全村人的福祉。曾有几次，有人想拆掉这座宗祠，但都因为听人说这是一棵神树，谁动了它，全村人是要遭殃的，也就不敢动它了。

罕见奇树

注：朴树 荨麻目榆科，朴属，别称沙朴榆，落叶乔木，高可达 20 米。树皮平滑、灰色；叶互生，卵形或卵状椭圆形；果实生于叶腋，近球形，红褐色，成熟时黄色至橙黄色，直径约 8 毫米。3–4 月开花，9–10 月结果。分布于河南、山东、长江中下游和以南诸省及台湾地区。

皮部纤维为麻绳、造纸、人造棉的原料；果可榨油做润滑剂；根皮入药，治腰痛、漆疮。

南朝古刹云居寺

云居寺位于徐塔村东门外约400米处，隔一条田冲与徐塔村呈相拥之势。

据清《上元县志》记载："云居寺古刹建于魏晋南北朝，为南朝大寺之一。"清道光二十四年（1844年）刊本《金陵待证录》（清 金鳌 撰）记："云居寺本在钟山，明朝时移建于此，属灵谷寺所领四小寺之一。"又据明代《金陵梵刹志》（明 葛寅亮 撰）载："云居寺，古刹，在城郊高桥门外，东城地。西去正阳门四十里，西南去所领翼善寺三十里。钟山旧有云居寺及登览诗。今相去尚远，或移改，无考，因另入钟山废寺。"

该寺现有殿宇一座及殿后的藏经楼和殿左的静养间，保留尚好，已被列为南京市级文物保护单位。南北朝王褒诗云："中峰云已合，绝顶日犹晴。"唐代白居易诗云："乱峰深处云居路，共踏花行独惜春。"皆指此寺。

该寺原有规模很大，前后三进殿宇，左右还有许多佛殿和僧房，香火很旺，高墙环抱，国土庄严。寺四周为大片树林环抱，古木参天，浓荫密蔽。山门前，有两株三人合抱的古银杏，至少也有四五百年的历史。可惜的是，此树60年代初被青龙山林场卖掉，换回两辆十轮大卡车。

该寺后来被青龙山林场的"南京阀门厂"占用，大殿成了金工车间，藏经楼成了成品仓库，其它殿宇和僧房也或改或拆，变得面目全非了。现在大殿、藏经楼、静养间虽已列为"区级文物保护单位"和"市级文物保护单位"，但已是风雨飘摇，破败不堪，亟待修葺。

附记： 为更多地了解云居寺，笔者找到一位熟知云居寺新中国成立前情况的老者采访，他就是徐塔村现年94岁的吕守祥。老人虽已年迈，但耳聪目明，思路清晰，记忆力好，说起往事来头头是道。

他说他从小家境贫苦，是个孤儿，从8岁起就一直在云居寺给庙里放牛、帮工、打杂，没有正式名字，外号叫“牛肚子”。他23岁时被“招女婿”到了徐塖村的吕家，取名“吕守祥”，才离开云居寺。

他与寺里的和尚、伙计混得很熟。他说这寺庙很大，田产也多，有几十亩田，就在徐塖和戴马墅一带。这庙里有6、7个伙计，还有一个外号“三侉子”的人当买办、总管，寺里的伙食及雇工都归他管理。三侉子是徐塖村徐在柱的大爹、徐经西的三哥。他长得人高马大，很有力气，为人豪爽，但光棍一条。村里的富户吕锡祥曾将自己的大儿子吕克奇给三侉子当“干儿子”。

寺里的当家和尚原来是“明远”，后来明远因年纪大了，就把住持位子让给了“悟明”。自己到周林岗下的小庙修行，上庄村的陈福根做他的帮工。这悟明是上海那边一个寺庙来的，同时还带来一个叫“从善”的年轻和尚。几年后，又从上海那边把师弟“悟来”带到云居寺当住持，而自己与从善两人就到台湾去了。

悟来这人比较神秘，和外界有很多往来。同时对伙计比较刻薄，得罪了一些伙计。新中国成立后镇压反革命时，有伙计揭发了他，他就被人民政府镇压了。枪毙他的地点，就在孙家边村东边的张可塘。

云居寺大雄宝殿

附：古人咏云居寺诗

《云居寺·高顶》

南北朝 王褒

中峰云已合，绝顶日犹晴。
邑后随望尽，风烟对眼生。

【注释】

1. 王褒（513—576）：南北朝时人，先后在南朝的梁和北朝的西魏、北周为官，才名极高。

2. 云居寺：南朝古刹，原在钟山南麓，明朝时，迁至南京东南40里的淳化以东。

《游云居寺赠穆三十六地主》

唐 白居易

乱峰深处云居路，共踏花行独惜春；
胜地本来无定主，大都山属爱山人。

【注释】

1. 白居易（772—846年），字乐天，号香山居士，又号醉吟先生，唐代伟大的现实主义诗人，新乐府运动的主要倡导者。有“诗王”和“诗魔”之称。

2. 穆三十六地主：唐代高僧，白居易的朋友。

徐墖的若干小庙

徐墖的庙，除了云居寺外，还有村中的几座小庙：

集庆庵 位于村子北部，朝南，紧挨“十八步”后。此庙三间两进两厢，中间有一个天井。大门前有两个正方形的“放生池”，左右对称，青石砌岸，中间相通，上面四块长约3米的青石板架起了一座石桥，直通庙门，很有庄严感。庙门上部是圆弧形的。进了门，就是一尊“韦陀”菩萨，两旁的墙上是“四大天王”的彩绘像。过一个天井就是正殿，这里供奉的大菩萨可能是“如来”。正殿两侧还有数尊体型较小的泥菩萨。天井的两侧是两个厢房，住着师徒两个和尚。

这“集庆庵”村人也称之为“老庵”，新中国成立前香火尚旺，也有十来亩田产，两个和尚维持生计不算困难。新中国成立后没几年，这里的和尚走了，庙产也成了徐墖村的“公产”。此庙日渐破败，到了“文革”期间就被拆掉了，改建成徐墖小学的校舍。

新庵 位于村子东门外300米处，朝南，三间两厢，前面有院墙和庙门。此庙中原来也有很多尊菩萨。新中国成立后，村民陈同慈一家住在此庙中，正殿中的佛像还一直保留了十来年。至“大跃进”后，村里人将这里改建成“纸筋坊”，生产粉刷墙壁用的“纸筋”，修建了两座大碾盘。徐墖村的徐传发、陈同慈、徐祖亮、戴马墅的小金保、孙家边的孙观民、孙卫忠等人都曾在这里干过活，徐传发是队长。一直到1982年以后，这“纸筋坊”才停产。

李靖庙 又称“李李庙”，位于村东门外200米，吕家山脚下，朝东，一间房。里面供奉着一尊塑像，据说是唐朝大将“李靖”，也就是神话传说中哪吒的父亲“托塔李天王”。此庙门前有一个很大的石香炉，还有一个石桌。徐墖村每年元宵跳鼓时，村人都要来此祭拜。

娘娘庙 位于村子的“后头巷”的后部，三间两厢。里面供奉着送子娘娘。庙里有泥塑菩萨，也有彩绘菩萨。这庙前的场地也称“堂子”，是每年元宵跳鼓时的重要场地之一。新中国成立后为村民金老三、张炳华一家居住。

红庙 位于村子西南角的大塘西边，一间房。这是一座土地庙。这个大塘也因此叫做“红庙大塘”。

周林岗小庙 此庙在周林岗的西面脚下，有三间房子，建筑质量很好，环境优美。云居寺的明远和尚后来就在此静养。

村西合塘景色

青龙山煤矿

徐壋村东偏北约 2 公里，就是曾经远近闻名的青龙山煤矿。它最早于清朝末年为两江总督张之洞开办。当时开办条件非常简陋，矿道里就是靠人工挖掘和拖运。所出的煤炭，主要经徐壋那条石板路用独轮车和毛驴运出去。鲁迅先生在其散文《琐记》中曾有一段有关他到青龙山煤矿实习的记载。1901 年 11 月 7 日，他与南京矿务学堂的同学一起下到矿井里，亲眼看到在井下"像鬼一样劳作的"矿工们的艰辛凄凉。

1958 年大跃进时，政府重新开发青龙山煤矿，就在清朝末年开掘的矿井原址附近，开了一个竖井，人称"大洋井"。当时的矿长是孙福印。1962 年，因国民经济调整，该矿下马，停产解散。

1970 年，原南京军区司令员许世友根据毛主席"开发江南煤田，扭转北煤南运"的指示，成立了"江苏省煤炭建设指挥部"，亲任总指挥，一手指挥搞起了江南煤田大开发，整建制转业了一批军队，并从南京一些中等学校招了一大批学生，组建青龙山、湖山、灵山、钟山、宝华等煤建工程团。原青龙山煤矿的原址上又热火朝天起来了。许世友经常来此视察，留下了许多趣闻佳话。孙福印此时任省煤炭建设指挥部副总指挥。

青龙山煤建工程团开始时辖三个营，分别是北矿（贾家村）的一营，南矿的二营，金丝岗官塘的三营。后来，官塘的三营独立升格为"官塘煤建工程团"。青龙山煤矿北矿的一营有四个连队。南矿的二营有四个井下作业连队，还有保障连和加工连。全矿连同机关后勤人员，共有 2000 多人，全部实行军事化管理。营以上干部有军籍，有领章、帽徽。后来才改为地方编制。

南京地区蕴藏的煤炭为代号"南 3# 无"的无烟煤，储量较小，且煤层厚薄不匀，为"鸡窝煤"，开采成本大，产量低。青龙山煤矿年产煤炭仅 5~6 万吨。到了 1979 年，一次井下瓦斯爆炸事故，一下死了 9 个人，直接导致了 1980 年该矿下马。矿党委书记杨清刚同志主持了这段时期的收尾工作。全矿干部职工分散安置到了南京市的各行各业。一部分人留下来被“青龙山精神病医院”接收，这批人中的邢芝青同志后来任该院院长，柏广琪、陈怀勇同志先后任该院党委书记。现在，这里仍是青龙山精神病医院。

在青龙山煤矿开办期间，徐塆村人多了一项活动或叫做“营生”：到矿上的煤矸石堆上去捡煤块，挑回来烧煤炉。当时几乎家家户户都有人在傍晚时挑着筐子去捡煤，这成了一道独特的风景线。许多人至今回忆起来，还很有感慨。

注：笔者曾于1974—1980年在青龙山煤矿任井下掘进工、连队文书、团部政工科干事、职工子弟学校校长，故对该矿的前世今生较为了解，亦有感情。

青龙山煤矿中心大井（大洋井）遗迹

三

姓氏宗族

XING SHI ZONG ZU

XUAI OF ANCIENT VILLAGE 古村徐塆

徐墖村的姓氏构成与分布

村中民宅内的古花床

南宋初年，最先在徐墖村这块土地落户的是徐氏。他们选择山坡下近水平坦之处建房居住，地段处现村庄的东部，称“东门口”和“阊门里”。此群落谓之“前徐”。后来又一支徐姓族群也来该地落户，也取近水平坦之处建房，地段处现村庄东部之北段，称“后头巷”。此群落谓之“后徐”。

随后，吕姓族人也播徙于此，遂择山坡半腰及坡顶居住，地段为现村庄之中部，占地面积较大。

再后，苏姓族人来此落户，所处地段只能是山坡的西面。称“西头”。

至此，村里“徐”、“吕”、“苏”三大姓的格局形成。该村最初名曰“徐涧”(涧：本地人读 gàn)。村庄正式命名为“徐墖”，既显示了对先来的徐氏族人的尊重，又寓有村庄是逐步形成发展之意。

由于村人的共同努力，土地垦殖，人口繁衍，村庄逐渐兴旺起来，又有一些外乡人陆续迁入。主要有村西头的孙姓，村南面的陈姓（地称“南场上”），村西南头的邹姓（地称“南头”），“后头巷”的朱姓、马姓。还有一族原为徐姓的马夫、家人，因随主人日久，也改姓徐，此支称为“外徐”，居所多间于“徐”姓族人之间。

“徐”、“吕”、“苏”三大姓之中，数百年间形成各自的特点：

“徐”姓人重视农耕，对当地农业发展有很大贡献。新中国成立后土改时被划为“地主”者也居多，如徐济剩、徐在渝、徐祖银、徐祖森、徐从贵、徐祖云、徐宗瑶。徐氏族人也多有在上海经商者，如徐同泊等。

“吕”姓人做官和经商者居多，财势较为煊赫，豪宅大院，田产广置。新中国成立后土改时被划为“地主”者有吕义露、吕义鸿、吕锡祥。吕义荣在上海市被划为“资本家”。晚清时，吕蕴芬获“道台”功名，在湖南长沙开有“当铺”，其子吕少芬民国时在湖北长江埠开有南北货店。

“苏”姓人以务农为主，辛勤劳作，安居乐业，多属小康。

“徐”、“吕”、“苏”三姓在村中均有“宗祠”。吕氏宗祠位于村子中央，三间三进，形制雄伟。门口一对石鼓直径约有1米。门前广场高墙环抱，两侧有两座高大的拱门，广场地面全由巨大青石铺就。此处为全村主要的集体活动场所，称“三家桥”。其西侧有两座敕建的吕姓功德牌坊。“前徐”的宗祠地处“大巷”东部，三间两厢。“后徐”的宗祠地处“后头巷”，三间一厢，带一个有月亮门的院子。“外徐”宗祠在东门口“井边”，两间平房。苏姓宗祠地处村子西头，也有三间平房。

在数百年的漫长岁月中，又不断有一些其它姓氏的人们迁入。全村人和谐相处，休养生息，共建家园。徐墖村以其包容、友善、向上的气度，成为方圆几十里内一座著名的大村。

游子吕杰、吕先才回乡探望族人

徐墖村各姓氏谱系中班辈排序

盖闻谱系之书，宰予传之，族姓之繁，周文为盛。中国历史上的“宗法制度”虽有其历史局限性，但作为中国传统文化之重要部分，对中华民族的繁衍和传承有重要意义。各氏族中，为维护人之伦常，防止昭穆难分以至视九族为路人，而设计出了班辈排序。如孔氏家族，自孔子而下至今已八十余代，班辈清晰，数千年不乱，使孔氏家族成为中华第一家族。孟氏家族也然。晚清曾国藩效法孔、孟家族，取孔、孟家族班辈排序用于本族，百余年来是人才辈出。可见班辈排序在中华文化传承中的重要性。

徐墖村各族姓的祖先们是很重视班辈排序的，现可查稽的有：

前徐：… 书、来、国、忠、保、代、系、在、存、仁

后徐：… 兴、宗、从、祖、德、和、顺、玉、长、春

外徐：… 文、传、家、孝（国）、友、庆、长、真

吕氏：… 依、仁、守、义、先、业、克、昌、
光、昭、令、德、四、海、名、扬

苏氏：

（一）… 继、述、光、先、祖、文、章、启、厚、儒、
大、于、从、学、业、百、世、有、雄、书

（二）… 泰、宏、昌、克

朱氏：… 克、公、永、怀、世、德、长、继、
法、贤、有、道、朝、正、家、清

陈氏：… 正、松、金、长、庆…

孙氏：… 瑞、蔼、祯、祥、传、家、有、道

邹氏：… 炳、自、兆、叶

马氏：… 长、洪、云…

村中民宅内部

附：族谱

族谱是联结乡谊与族裔的纽带，更是传统宗族社会的核心纽带。一个家族的族谱，往往完整地记载一个家族数千年的源流脉络，一代代辗转流传下来，把整个家族维系到一起，即使这个家族在地理意义上已经四分五裂，但是经由这个族谱，还是可以牢固地黏结到一起。

族谱是古代乡村治理非常重要的节点。一个人进没进族谱，是事关重大的事。一个优秀的人不但进谱，而且里头还有几句话来表彰他的事迹。族谱还有惩罚的功能。如果一个人品行不端，就会被逐出族谱，这个比蹲十年监牢还厉害。在乡土社会中，族谱就是一个激励和约束的机制，跟法律差不多。对人的最大惩罚在乡下就是不让他进族谱，永久被逐出族谱，这个人尽管肉体上还存在，但是从历史的角度来讲，他已经不存在了，也没有必要存在了，因为这个人品行不端，只会给家族带来各种各样的麻烦和不好的名声。

祠堂

“祠堂”既是一个家族祭祀祖先的场所，也是解决家族纠纷的主要机制。乡土社会出现家族内部或村庄内部的纠纷，不是靠到县太爷那里去，而是靠祠堂。

一个家族的人进祠堂，拜祖先，那个仪式表面上看是祭祀祖先，其实是凝聚后人，是维系这个家族的认同感。现在一些地方的祠堂开始恢复，这是一个非常值得研究、值得关注的现象。

徐塧村徐氏世系图

徐塧村徐氏（前徐）世系图（一）

XU AI CUN XU SHI(QIAN XU) SHI XI TU

前徐班辈排序：
书、来、国、忠、保
代、系、在、存、仁

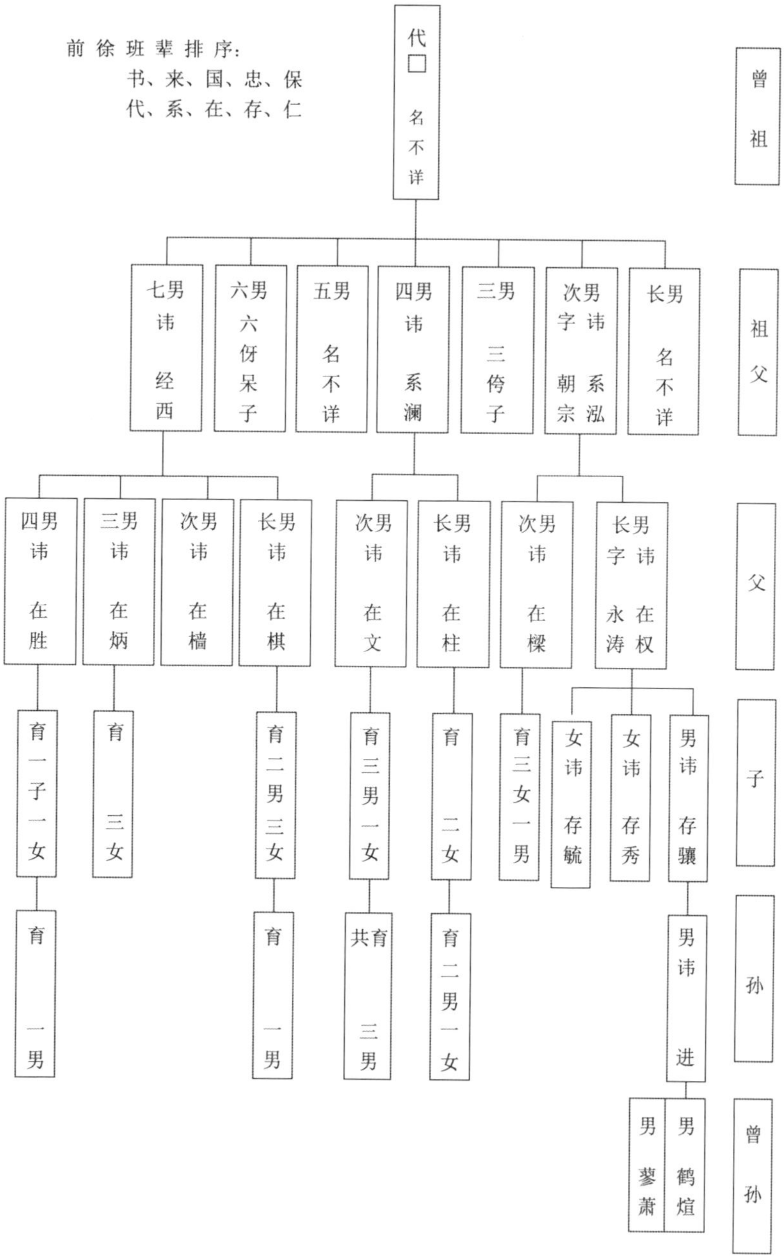

徐壒村徐氏（前徐）世系图（二）

XU AI CUN XU SHI(QIAN XU) SHI XI TU

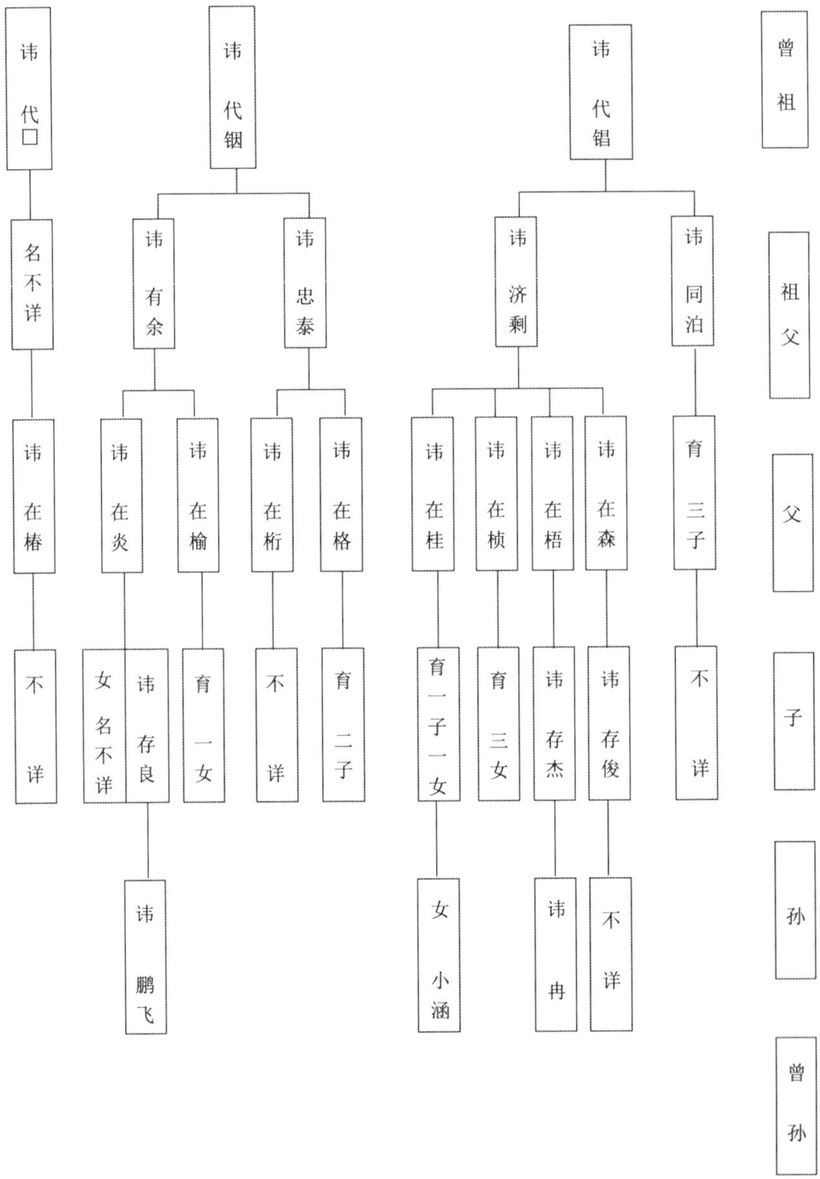

徐塧村徐氏（后徐）世系图

XU AI CUN XU SHI(HOU XU) SHI XI TU

一、班辈排序：

兴、宗、从、祖、德、和、顺、玉、长、春

二、世系：

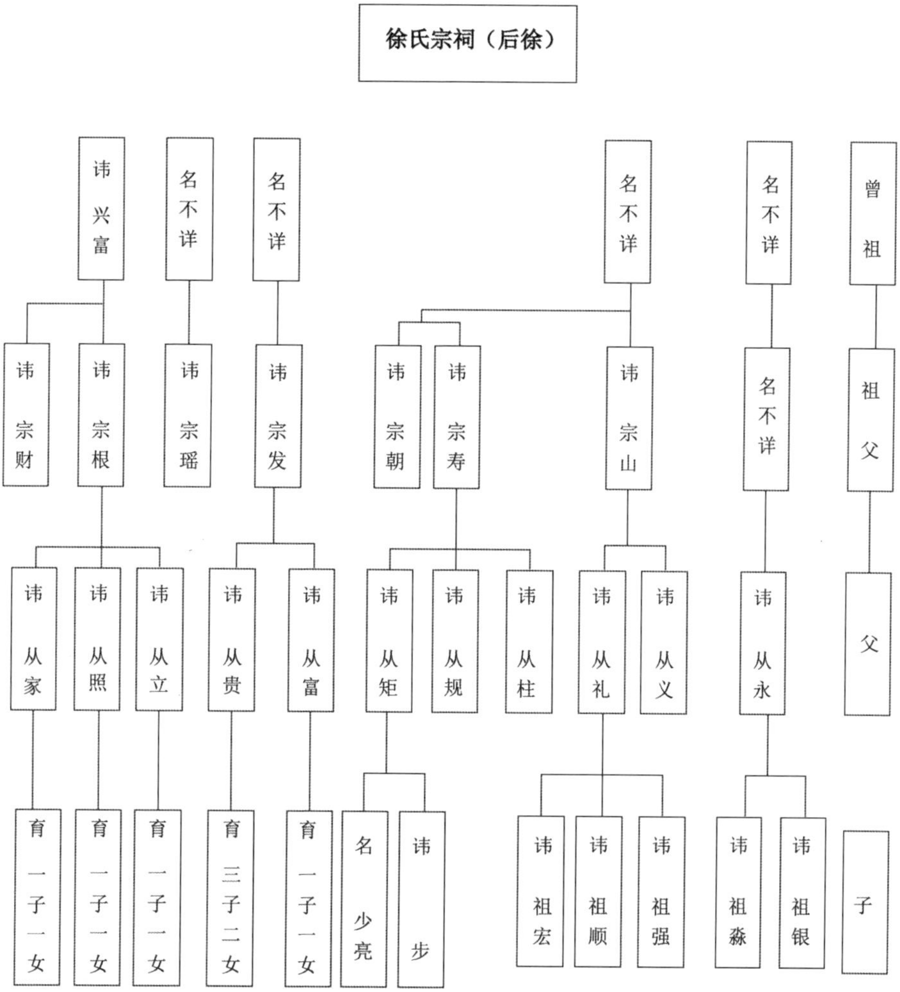

续徐氏世系

续徐塕村“前徐”世系：

1. 徐代棣（树堂）——系治、系湘、系泰

徐系湘——在勤、在勇、在泉、在鑫

徐系泰——在君、丽君、昭君

2. 徐系泓（朝宗）——在权、在樑、在如

3. 徐震生、徐和生是兄弟。徐震生——在楠、在柯，徐和生——在林

4. 徐系明——在夫（徐行）、在华

徐在夫（徐行）——存文——仁山、长根、腊根、爱玲

徐在华——存云——仁莲（袁海）

5. 徐瑞兰——存柯——卫华、卫强、卫明

6. 徐存德——仁祥、素云、树才、树友、素秋

7. 徐在明——存隆、存贤、存慧、存忠、存孝、存仁、存义

8. 徐系根——在福、在寿

9. 徐在本——存斌、存学、存仁—仁福、仁荣、仁泉、仁麟、仁毅、根宝

10. 徐在桂——徐进、徐蓉（女）——徐小涵（女）

续徐塕村“后徐”世系：

1. 徐从炎、徐从玉、徐从治为三兄弟，其父名讳不详。徐从玉育二子二女，

徐从治育五子一女：祖良、祖发、祖才、祖年、祖武、祖凤

2. 徐从发（原姓“戴”，入赘徐氏）育祖和、宁珍、兰珍、祖山

3. 徐宗发长子徐从富育一子一女：玉珍、祖云

次子徐从贵育三子两女：森林、祖明、祖亮、丽凤、丽华

4. 徐祖银育二子一女：德耀、德采、

5. 徐祖森育四子一女：德泰、德福、德平、美娣、美华、洪宝

6. 徐宗根育三子二女：梅珍、从立、从照、从家、梅香

7. 徐宗财——义兰——家龙

徐塭村“外徐”世系：

1. 徐义芳——传珍
2. 徐文翔——传英
3. 徐文忠——传发——家洪——国俊、国亮
4. 徐国成——友英、友坤、友珍
5. 徐国银——友伯、友仲、友琴，友仁
6. 徐家林——成英
7. 徐家炳——巧英、六英、七子
8. 徐家福——国英、国保、国富——友强、友志、友伟

徐存毓一家回徐塭探访族人

徐塭村吕氏世系图

徐塭村吕氏世系图(一)

XU AI CUN LV SHI SHI XI TU

吕氏班辈排序：依、仁、守、义、先、业、克、昌
光、昭、令、德、四、海、名、扬

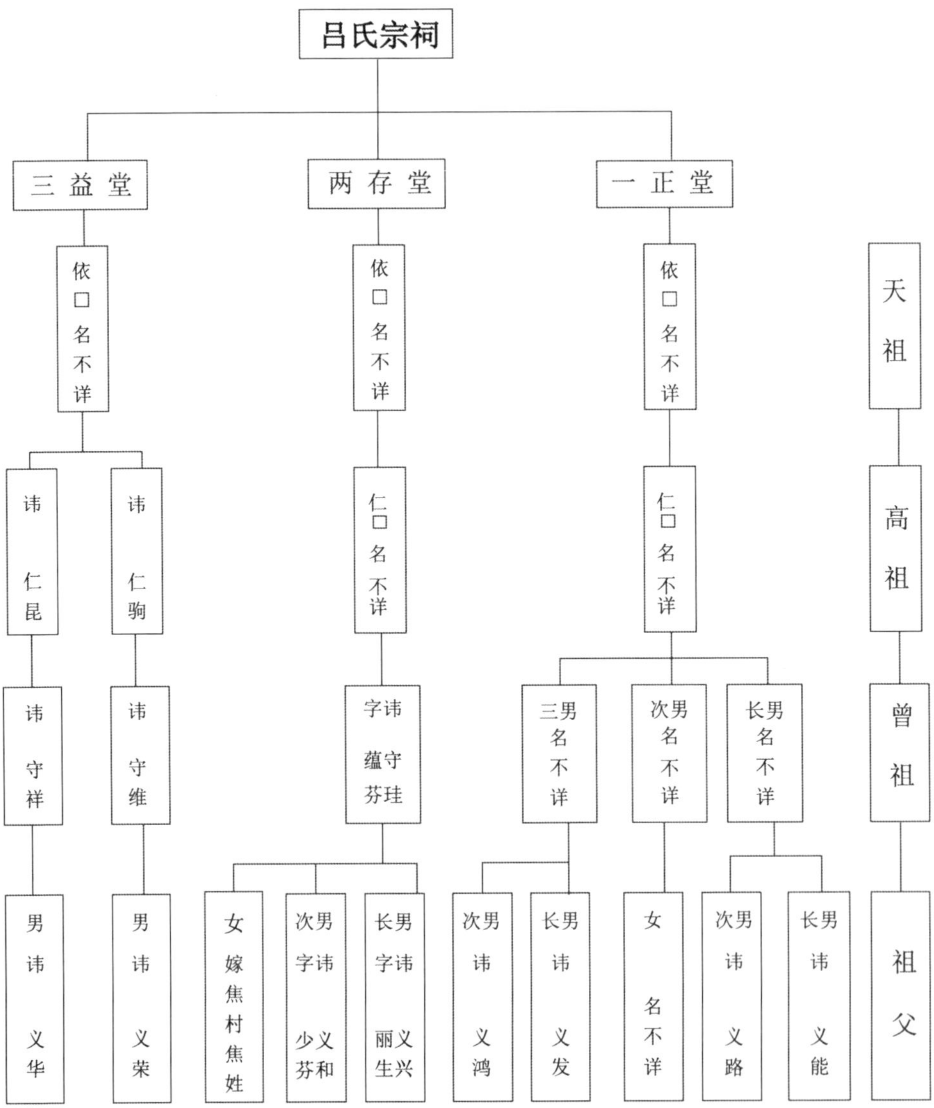

徐塧村吕氏世系图(二)
XU AI CUN LV SHI SHI XI TU

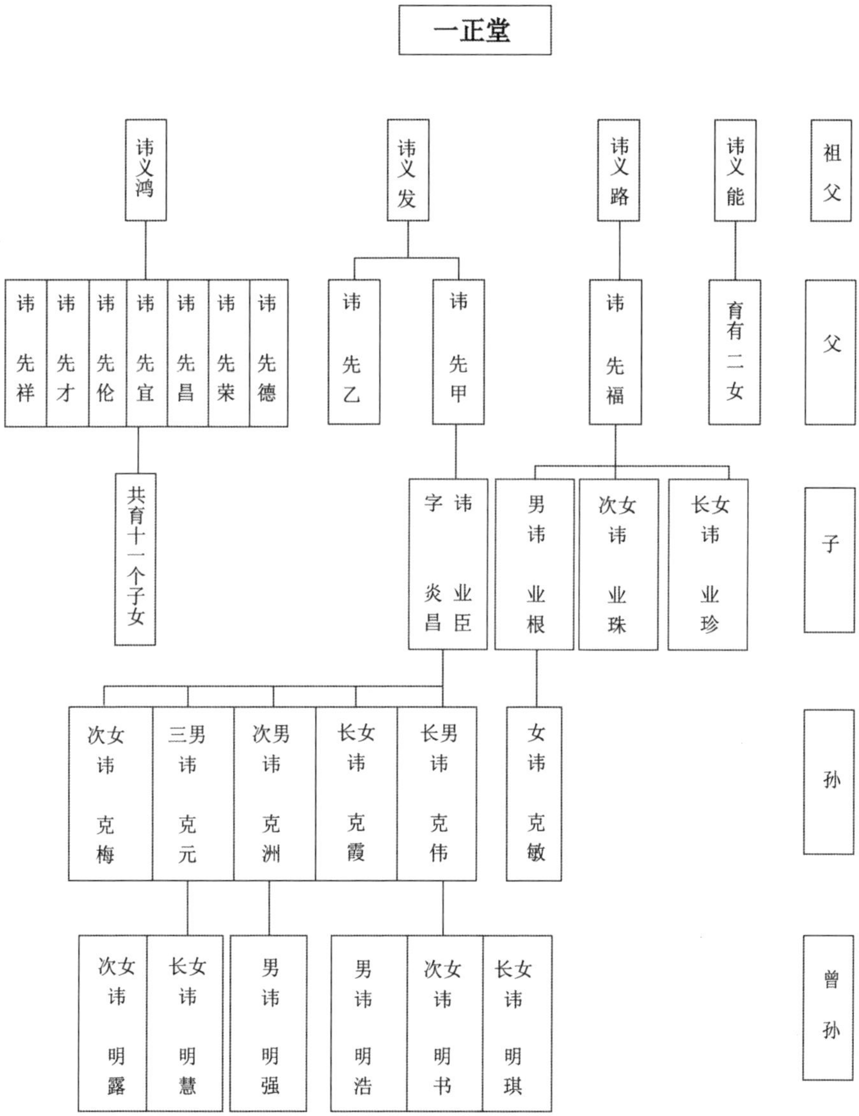

徐塕村吕氏世系图(三)

XU AI CUN LV SHI SHI XI TU

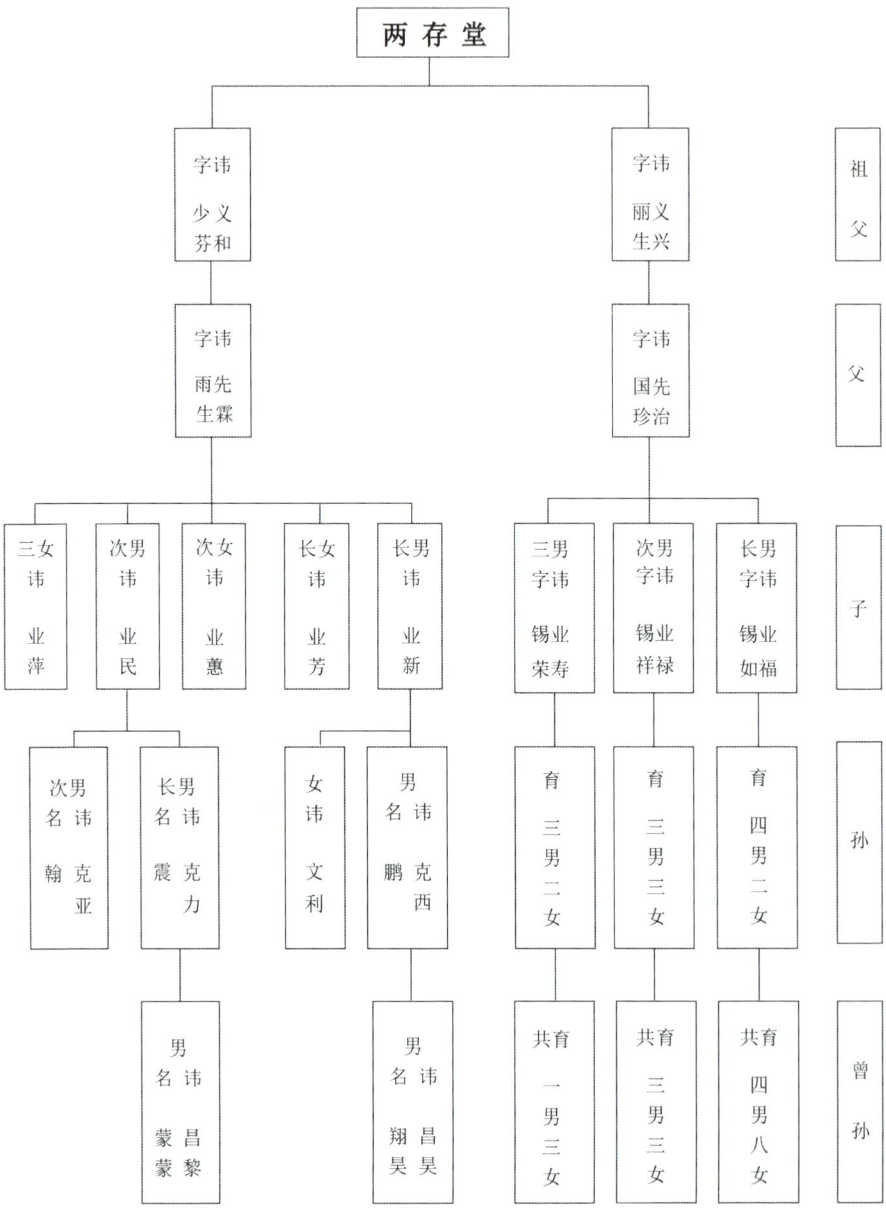

续吕氏世系

续“一正堂”世系：

吕先德 育有二男：业翔、业成。
吕先荣 育有四男：业馀（常贵）、业利、小毛、业云。
吕先昌 自先宜过继一男：业盛。
吕先宜
吕先伦 育有一男：业昌。
吕先才 育有一男：业俊。
吕先祥 育有一男一女：业彪、业岚（女）。

续“两存堂”世系：

吕业福（锡如） 育有四男二女：克昌、克云（女）、克雯（女）、克明、克智、克辉。
吕业禄（锡祥） 育有三男三女：克琴（女）、克英（女）、克崎、克刚、克兰（女）、克城。
吕业寿（锡荣） 育有三男二女：克俊、克玲（女）、克龙、克美（女）、克仁。
吕业新 育有一男一女：克西、文利（女）。
吕业民 育有二男：克力、克亚。

“昌”字辈男嗣：昌瑞、杰、勇、俊、布、进、超、文志、昌昊、昌黎。
“光”字辈男嗣：阳、博凯。
“昭”字辈男嗣：然。

续“三益堂”世系：

“三益堂”吕仁昆育二男：守根、守财。此二人均已结婚而未生子，就先后病故了。守根妻在自己改嫁前，为守财妻招夫撑持家业，招云居寺帮工李某入赘，取名吕守祥。守祥育有四女一男。此男即义华，义华子吕金，吕金子吕阳。

徐塂村苏氏世系图

徐塂村苏氏世系图（一）

XU AI CUN SU SHI SHI XI TU

班辈排序：

继、述、光、先、祖，

文、章、启、厚、儒，

大、于、从、学、业，

百、世、有、雄、书。

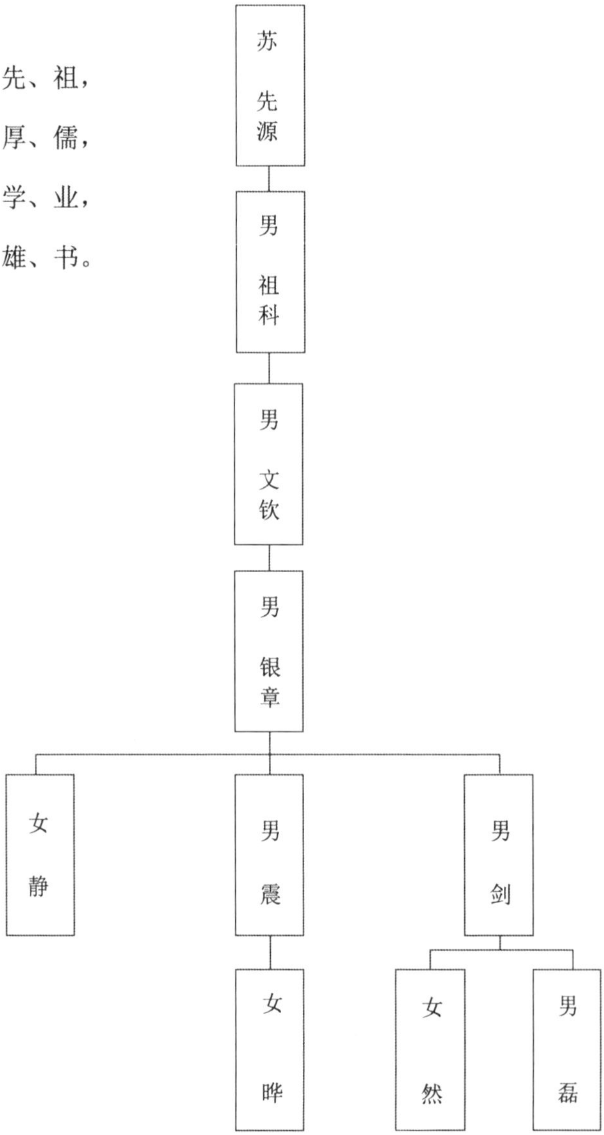

徐塧村苏氏世系图（二）

XU AI CUN SU SHI SHI XI TU

班辈排序：

继、述、光、先、祖，

文、章、启、厚、儒，

大、于、从、学、业，

百、世、有、雄、书。

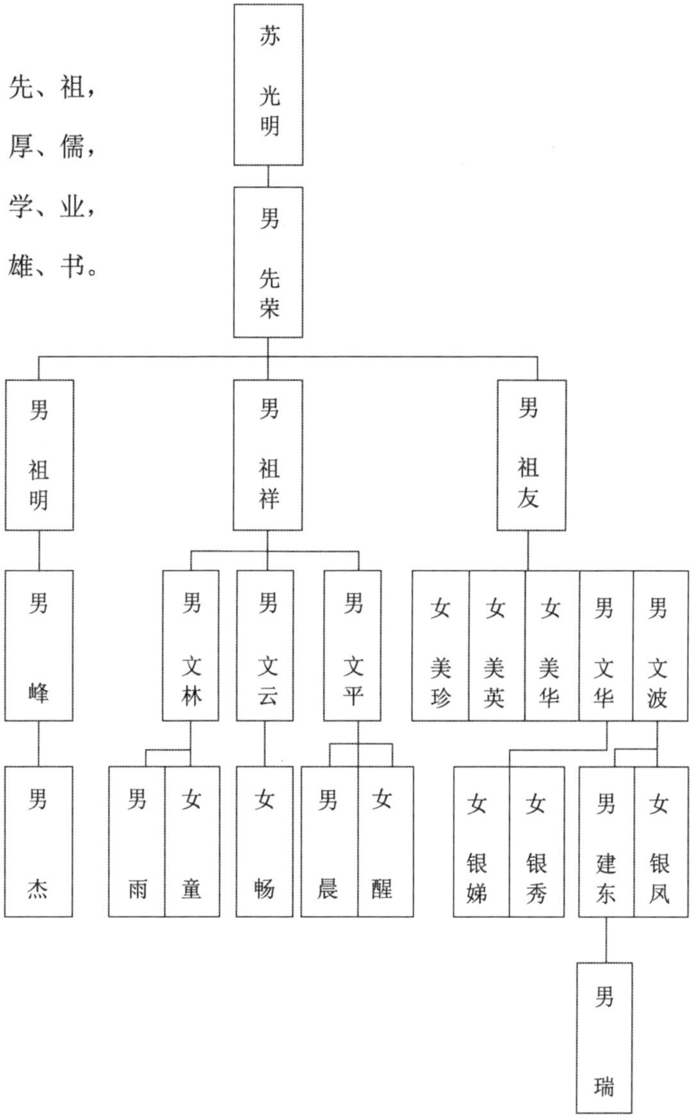

徐墻村苏氏世系图（三）

XU AI CUN SU SHI SHI XI TU

班辈排序：

继、述、光、先、祖，

文、章、启、厚、儒，

大、于、从、学、业，

百、世、有、雄、书。

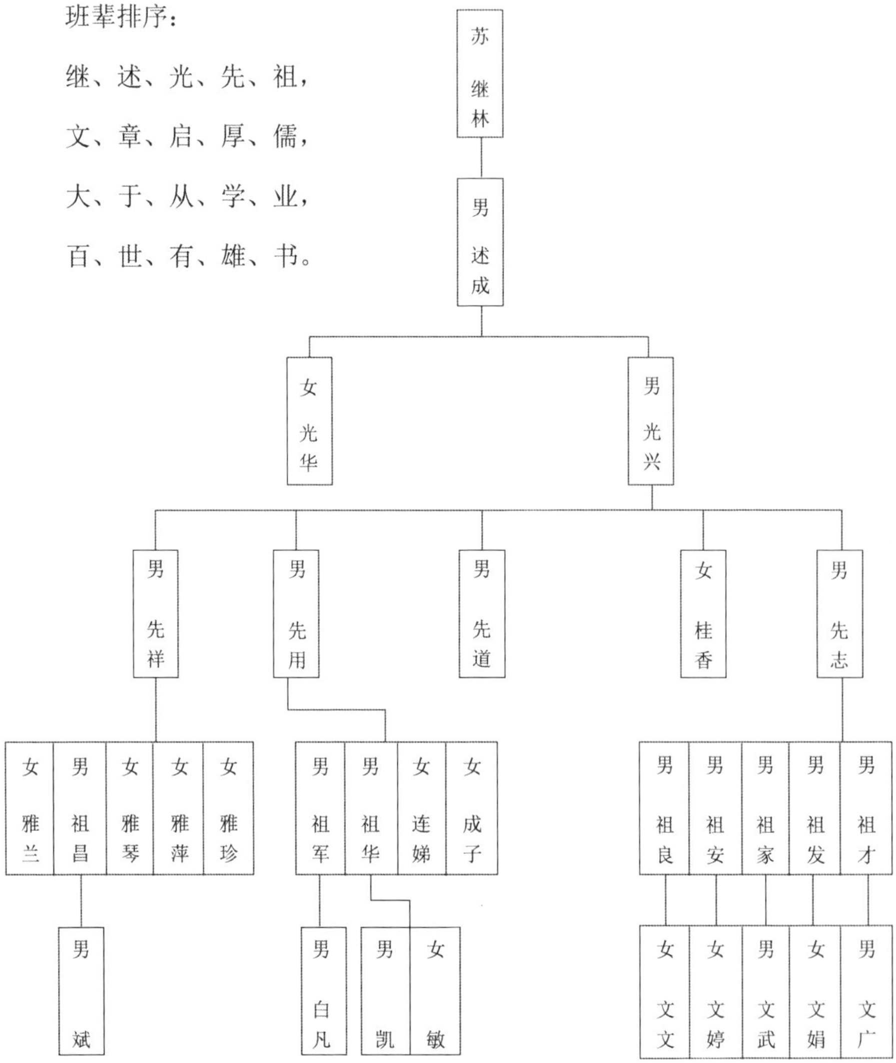

续苏氏世系

续：苏氏世系

苏光银→苏先财→苏祖福（苏凤英）→苏文高、苏文英（女）、苏文珍（女）、苏文祥、苏文凤（女）、苏文军→ 苏章林、苏丽（女）、苏欢（女）、苏莹（女）、苏佳、苏杭、苏婷（女）→苏玥（女）、苏阳。

徐塥村自苏庄村迁来的另一苏姓世系：

1. 苏太荣→苏宏顺→苏昌盛、苏昌兴、苏昌富→苏克云(女)、苏克海、苏克胜、苏克荣、苏克华、苏克明、苏克兵→苏金香、苏金明、苏金荣、苏金霞、苏金兰、苏金柱、苏金菊、苏小飞、苏亚、苏阳。

2. 苏太和→苏宏兆→苏昌祥、苏昌荣、苏昌华→苏克军、苏克勇、苏克平、苏克忠、苏丹(女)→苏文(女)、苏博逊、苏卓钊、苏然(女)、苏辰轩、苏轶哲。

经过云居寺古桥的通京古道

徐塕村其他部分家族世系

一、徐塕村后头巷“朱氏”一族，是于清代末年从上峰乡朱家山迁来。第一代是朱永柱（人称‘朱大爷’），朱永柱生一子两女，子朱怀广生六子：世财、世喜、世富、世福、世友、世发。世财无后。

世喜生二子五女：顺娣、春芳、德祥、德宏、德英、德凤、德兰

世富生三子一女：德忠、春英、德林、德顺

世福生一子三女：德华、德珍、德琴、德美

世友生一子：德如、德意

世发生二子二女：德荣、德明、德妹、德萍

二、徐塕村南场上“陈氏”一族中，陈松林、陈松胜、陈松发是亲兄弟；陈松寿、陈松华、陈松茂、陈松年是亲兄妹。

陈松林生子：金友

陈松胜生三子：金太、金山、金钱

陈松发生一子：金财

陈松寿生三子二女：金元、金玉、金海、楚明、楚慧

陈松茂

陈松年生三子三女：怀珍、兰珍、金春、金华、金玲、金生

三 、徐塕自东山迁来的“孙氏”世系：

孙昌前 → 瑞福、老二、瑞如、瑞堂 → 蔼X、蔼兰、蔼玉（蔼华）、笑江、蔼芳、蔼竟、军奇 → 祯富、祯根、祯茂、祯叶、祯祥、祯林、祯亮、祯森、祯国、祯桃、祯红、祯东、祯民、祯万、祯年、祯刚、祯平、祯勇、祯洋 → 祥林、祥友、祥根、祥保、祥生、祥元、祥龙、祥生、成香、祥虎、祥发、祥和、祥明、祥化、祥忠、祥亮、龙龙、祥平、祥军、祥国、浩东、

祥顺、笑笑

孙昌 X 育五个儿子：其中孙老二居上海，子名阿根，阿根子名祯奇、祯阳

孙老四名瑞生，育三女：成子、七子、小毛

四、 徐墖村南头的“邹氏”一族，原本是本村“诸”姓女子（徐墖诸怀金的姑奶奶）招方山横岭“许”姓男子入赘，生炳南、炳生、炳坤、炳成四子。后“许”姓男人病故，又招山东邹城流落到此的“邹”姓男子入赘，招夫养子。四个儿子遂改姓 “邹” 。炳南生子：自洪、自兴、自玉、自福；炳生生子自贵、自顺；炳坤生子自根；炳成生子：自德、自义、自祥、自胜

自洪生二子二女：兆兴、兆英、兆富、兆玲

自兴生一子：兆明

自贵生二子一女：梅英、建平、建庸

自顺生一女：梅红。

自根生三子二女：桂兰、巧年、兆顺、兆祥、兆春

自德生一女：秀凤。

自义生一子二女：兆银、兆美、兆芳

自祥生三女：兆凤、兆娣、兆琴

自胜生一子：兆静

村中街巷印象（张永红绘）

郑重致歉

走访了解本村各姓氏家族的世系实属不易，尽管在许多乡亲们的帮助下用了很大力气搜集整理，但由于部分村民早期外出打拼奋斗，长期不回村，从而很难联系。为了弄清他们家族世系，笔者通过电话联系、找相关人走访、召开座谈会、查证碑文等各种渠道了解，解决了一些问题，但还是有一部分人家的情况没有弄清。更有甚者，有些人连自己的祖父辈也弄不清楚。在这种情况下，只好在“世系图”中注上“不详”字样。

另外，徐墖村姓氏众多，很难全部顾及，只能重点编写了“徐”、“吕”、“苏”三大姓各三幅“世系图”，以示平衡。再就是有限地选择了一些迁至徐墖已超过五代以上、且已形成较大族群的，采用文字排列表述的方法来编写其世系。

在所有世系编写中，只注重了对老辈人的记载，对现在的年轻小辈，就略去不记了，留待各家族自己续家谱时去完成。

本“姓氏宗族”篇，编者虽尽了最大努力，仍不能使各家族世系表达完整无缺，希望村人理解，并表示歉意。衷心祝愿全村每一个家庭幸福美满，后代昌盛。

吕氏家训

厚德　向善　勤俭　励学

□ ——德为立身之本，善为德之要旨。大德至仁，与人为善。

□ ——勤是生存之道，学乃成功之梯。不可不劳而获，不可不学无术。行事不畏艰苦，学习务求精进。勤劳，勤学，勤思，天道酬勤。

□ ——俭以养德，静以修身。

□ ——不求大富大贵，但求平平安安。堂堂正正做人，踏踏实实做事。达则兼济天下，穷则独善其身。

□ ——无论家境如何，一定要让孩子读书求学。

游子探乡

作者在水库大坝留影

黄龙埝水库大坝远观

四

民俗民风

MIN SU MIN FENG

XUAI OF ANCIENT VILLAGE 古村徐塂

四时八节的传统风俗

春节 旧时称“过年”，是当地民间最隆重的节日。腊月三十（除夕），家家户户忙年饭，贴“门对子”、“红钱”和年画，室内外打扫装扮一新。行“三祀”之礼，即“祀天、祀灶、祀祖先”。然后，吃年夜饭、放鞭炮，给小孩发“压岁钱”。晚上，全家围坐一起，吃瓜子、零食，聊天、玩牌，直至午夜以后，此谓之“守岁”。晚上十点钟后吃糯米饭，叫“接灶”。夜过零点，各家放鞭炮，迎接新的一年到来。

大年初一，起床较晚，叫睡“元宝觉”。起床后要放鞭炮，喝糖茶，吃“欢喜团”，以示喜庆。大年初一成年人一般不串门，人们相见均互祝“恭喜”。这天不扫地，不用刀、剪和针，不向外泼水，以免“冒犯鬼神”；不借火出门，以示“关住财气”。年初二开始，男主人要带着儿孙，拎着礼品，到亲戚家拜年；女主人则留在家里招待客人。年初二是女儿回娘家拜年的日子。

财神日 正月初五是“财神爷日”，家家户户要“祭财神”。当老板的要在这天置办酒席，款待伙计和雇工。

新春（立春日） 当地称“新春大似年”。农家贴“春牛图”，祭祀“芒神”，煮“新春饭”（把饭装在碗中，抛成圆球形，插上扁柏树枝，在树枝上挂上红纸、白果、花生等，称“摇钱树”），放在灶头上，谓之“接春”。家人拜长者谓之“拜春”。吃“春饼”谓之“咬春”。民间有人敲小锣，唱春曲，走村串户卖艺要钱，谓之“唱春”。

元宵节 正月十五是元宵节，素有“上灯元宵落灯面”的习俗，即正月十三上灯，各家各户张灯结彩，摆酒宴，吃元宵。正月十七落灯。正月十五是元宵节的正日，这天徐墖村要举行一年一度的“跳鼓”，声势浩大，气氛热烈，远近闻名。

二月二龙抬头 农历二月初二要把过年时杀猪留下的猪头、猪尾蒸煮，集体烧香磕头，祭土地神。这天不下田做工，以免触犯“土地老爷”。这一天还要“抢富水”：一大早，各家各户争先去塘里挑水，把家里的水缸装满，盼望当年有好的财运。

三月三 “三月三，荠菜花煮鸡蛋”。各家都拔来荠菜花，先扎成一把，放在灶头上，敬“司命老爷”。然后把荠菜花和鸡蛋一起煮，全家人吃了，据说能消灾祛病。

娘娘会 三月初十为娘娘会，全村的妇女要聚集到“后头巷”的娘娘庙烧香磕头，祭拜“娘娘菩萨”。盼生儿子的求娘娘送子。生下儿子的下年要再去还愿，以公鸡、糯米团子分给大家吃。

清明节 这天为祭祖、扫墓之日，各家门上插柳条，妇女也头戴嫩柳枝，说“清明不戴柳，死了变黄狗”。各宗族祠堂要举行祭祀，办酒席。各家男人按辈分入席。祭祖时，长辈常在此惩罚本祠不肖子孙。在上坟扫墓时，要修坟、挂纸、放贡品、磕头，以示对祖先的怀念。

四月八 四月初八日，徐墖人有吃“乌饭”的习俗。乌饭叶是一种小树叶，从山上采来，捣烂，掺水浸出汁来，泡糯米一夜，再煮成饭。这“乌饭”黑而发亮，清香可口。传说吃乌饭是纪念“目莲救母”，吃了可免灾。

端午节 五月初五是“端午节”，又称“端阳节”、“娃娃节”。小孩要穿虎头鞋，戴虎头帽，拴五色绳，胸前挂鸭蛋络子和“菱角粽子”。

家家门上和灶头插菖蒲和艾叶。正午烧香磕头后开席，吃粽子，喝“雄黄酒”。菜肴一般要有“五红”，即：苋菜、鸭蛋、虾子、黄鳝、黄瓜等。小孩额头上要用雄黄酒写上“王”字。赠亲友长辈以“绿豆糕”为礼品。

夏至 夏至日要尝“三新”，即樱桃、青梅和鲥鱼。小孩骑坐门槛，吃豌豆糕和李子，可防止“疰夏”。人们还在夏至这天称体重，用箩筐抬、大秤称，据说可以保夏季平安。

七夕 农历七月七日夜为七夕。传说牛郎织女此时鹊桥相会。民间女子要结彩缕，摆瓜果于庭院，对月穿针，以求奇巧。若蜘蛛在瓜果上结网或能穿上针，即为奇巧。故七夕又称“乞巧日”。

鬼节 农历七月十五日称“鬼节”，家家户户都烧纸钱祭祖先。要做“北瓜粑粑”（南瓜饼），说是给先祖带作“干粮”去赶“盂兰大会”。还有人到村头路口祭孤魂野鬼。

中秋节 农历八月十五日是“中秋节”，也叫“团圆节”，晚餐菜肴丰富，合家围坐吃团圆饭。晚上烧香点烛，以月饼、菱藕、果品等供月亮。人们边赏月边吃供品。节日前，娘家为新婚女儿“瞧节”，礼物有果品、月饼、红糖等四样。

重阳节 农历九月九日是“重阳节”，多数人家要吃螃蟹。人们在这一天喜好登山攀高，藉以锻炼身体。重阳还要吃“重阳糕”，俗语称“吃了重阳糕，夏衣就打包”。

十月朝 农历十月初一日为“十月朝”。旧时，成年男性要到宗祠拜祖，吃“宗酒”。这时秋收已结束，地主家辞退雇工。故有“十月朝，老板伙计两开交”之说。

冬至 冬至要祭祖，可迁墓移坟。村民有“冬至吃豆腐”的习俗。

腊八 农历腊月初八要吃“腊八粥”。以糯米或粳米掺上赤豆、花生、山芋、白果、红枣、蜜枣、莲子、桂圆等煮成粥，香甜可口。

送灶 农历腊月二十三，送“灶老爷”上西天。先在灶头“司命老爷”前供香烛纸马，然后剪好一筐箩喂马的草料（长约一寸）拌以黄豆，从灶前一路洒至大门外，祝告“上天奏好事，下界保平安”。至大年三十晚，再接灶神回到凡间来。

村民清明节祭祖

元宵跳鼓

街巷雪景

正月十五元宵节，吃元宵、赏花灯、晚会狂欢，是南京地区的民间习俗。而徐墟村的元宵夜比之别处，更有一特色——跳鼓。

这里的跳鼓，是由每两个人用三尺长木棍抬起一面直径约一尺半，高约一尺半的牛皮大鼓，各用一尺半长的木棍，在奔跑跳跃中击打鼓面。二十四面大鼓排成三支队伍，在各自领鼓者的率领下，以整齐划一的步伐，不断变化的队形，欢跳腾跃。各队之间斗技斗勇，各显其能，互不相让。火树银花映照下的元宵夜，在隆隆的鼓声、响亮的锣声、热烈的鞭炮声和舞者激越的号子声中，三支队伍穿街越巷，或分或合，或急或缓，展示着男性的阳刚和舞蹈的壮美，给观舞的人们带来强烈的感受。

徐墟村的元宵跳鼓活动起源于宋、明时期，有正式的社团组织，有统一的表演形式。全村按姓氏、也是按方位，组建了四个"社"：东前社——以"前徐"族人为主；后大社——以"后徐"族人为主；西大社—以苏姓、孙姓、邹姓族人为主；关帝社——吕姓族人组成。前三个社每年都要挑选出精壮男子，统一着装，各自组成有八面大鼓的鼓队。各队的领鼓者手持灯笼，灯笼上有醒目的社名。各队还有一面直径两尺，重达二三十斤的大铜锣开道（此锣徐墟人称"哼锣"），也是两人抬着前进，用一根粗麻绳做的锣锤击打。关帝社的吕姓族人不组织鼓队，但每年须出钱置办丰盛的酒食，沿街摆放，让舞者随手取食，大块吃肉，大碗喝酒。鼓队经过每家每户门口时，各家均燃放鞭炮，以示禳灾祈福。

元宵节这天，全村张灯结彩。太阳还没落山，十里八乡的人们就纷纷涌来，各家各户也都已宾客盈门。这时，村子的东、西、北三个村头，浑厚的哼锣声开始鸣响，此呼彼应，声音远播数里之外。这时的敲锣者往往是最精壮的男子，他用一只手提锣，伸直手臂，悬举着，另一手持麻绳锣锤，用力击打哼锣。每击打一下后，要等锣的余音消失后，才能击打下一锤。两锤之间要间隔十数秒。能连续击打三下的壮汉已属很不简单了。男人们争相试之。

夜幕降临，华灯齐放，三支鼓队在各自的“堂口”结合完毕，焚香祭拜东岳大帝后，低沉激越的鼓声响起来了。人们这时纷纷涌出家门，大街小巷人头攒动，摩肩接踵。孩子们更是欢腾着，嬉闹着。急促的鼓声和号子声越来越近了，街道两旁的人翘首以盼，热切等待。在许多个长杆挑着的灯笼伴随下，鼓队出现了，只见舞者们一个个光着上身，赤着大膊，腰间统一束着一条白底镶黑色纹饰的棉束腰，下穿黑色白腰的大腰裤，脚穿草鞋，每两人抬一面大鼓，一边击打，一边喊着：“嗨哎！哈啦啦！嗨哎！哈啦啦……”或进或退，腾挪跳跃。鼓声伴着锣声、鞭炮声和喝彩声，全村气氛热烈起来了。

三支鼓队沿大街小巷行进，东前社与后大社鼓队先汇合，再到“岗头上”接西大社鼓队。鼓队经过每一户人家，各家都要用长长的鞭炮迎着鼓队，提在手中燃放，迎面逼退鼓队。燃放的鞭炮越长，逼得鼓队后退的次数越多就越好、越吉利。各队在各自领鼓者的灯笼引导下，各展其能，变幻队形，表演技艺，玩出多种花样，掀起一个又一个高潮。

身穿跳鼓“束腰”的张玉喜

三支队伍集中后，依次到三个堂口进行表演，展示风采。再转向村中央的“三家桥”。途中舞者们随意抓取路边长长的条案上的酒菜享用，小孩子们也会沾光吃到一些食品。这过程中，鼓队并不停歇，鼓声、号子声仍此起彼伏，欢声笑语不绝于耳。

最后的狂欢在“三家桥”上演了，三支鼓队这时都拿出了看家的本领，以更加高昂的斗志、更加刚劲的动作，向人们展示强健的肌肉、分明的线条和阳刚的气质。天是寒冷的，而舞者赤裸的上身汗珠滚动、热气蒸腾；夜已深沉了，而人们的热情是越发高涨，如痴如狂。三支鼓队像三条游龙，在翻腾着，变化着。什么“一字长蛇”、“二龙戏珠”、“剪子箍”、“水波浪、”“螺蛳结顶”…… 各种阵型让人眼花缭乱，目不暇接。这时若有哪个不生养孩子的小媳妇，敢于挤到鼓队中去，在广场中央让舞者们去挤、去夹，这叫“夹鼓”，据说就可以怀孕生子。每当这时，广场上的气氛就达到顶点，欢声雷动，群情鼎沸。

鼓点在持续地敲，人们在纵情地乐，狂欢直至深夜。最后，整个队伍出村东门直至二百米外的“李靖庙”舞蹈一番，祭拜一番，方敲锣打鼓地回到村中，回家休息。

徐墖村的人就是用这种方式，迎接新春、祈福未来。

注：徐墖的元宵跳鼓，历史悠久，远近闻名，程式严格，场面宏大，具有申报“非物质文化遗产”的价值。全村曾参加过跳鼓的传人目前仅剩一二十人了，且年已老迈。为抢救性地挖掘这一历史遗存，笔者极力想把此文写成一篇具有说明文性质的记叙文，力求翔实而不拖沓，严谨而不失生动。怎奈本人笔力不足，力不从心，只能现丑显拙了。惟盼有识、有能之士能为保护、传承这一少见的农耕文化遗存而出一把力、建一份功。若此，我和乡人则感激不尽了。

婚丧喜庆习俗

结婚 旧时，婚姻由父母包办。一般先由男方托媒提亲，女方若有意，即将女子的生辰八字开出给男方，去找算命瞎子“合八字”。正式定亲时要“换帖”，临娶时要“择吉”。订婚时由男方备办金银首饰或银钱请媒人送至女方家。结婚时男方备彩礼发轿迎娶，女方家则备“妆奁”陪嫁。新娘动身时要由哥哥背上轿，以示“不带走娘家一星土”。到达男方家后与新郎拜天地，然后“坐帐”、“送房”，次日“回门”。新中国成立后，1950 年中央人民政府颁布《婚姻法》，实行婚姻自主。男女双方达到法定年龄，自愿到政府登记，领到结婚证，才算合法。

丧葬 旧时，人死了，亲友吊唁，烧纸钱，普遍实行棺木土葬。富人用十二根圆木制棺，棺材头上雕花刻字。穷人则薄板成棺。死者衣着，一般“五领三腰”，富人多到“十三领十一腰”。死者“小殓”入棺，“大殓”封钉。孝子披麻执杖。死者若是男性，由族中近亲长辈执斧封钉，女性则由娘家兄弟执斧封钉。封棺后择吉出殡，破土安葬。

还有“七七”之说，从人死之日起，每隔七天祭祀一次，谓之“七”。“五七”尤为重视，“七七”谓之“尽七”。“尽七”后即可除去“灵位”。

喜庆 生儿育女、满月、百日、抓周和结婚谓之“喜”，喜事要办“喜酒”；“庆”是指庆贺寿辰，也要办酒宴请宾客。民间过生日分“整生日”与“散生日”。一般只做整生日。过生日时宴饮、吃面条、收礼品礼金，晚辈要跪拜祝寿。也有老人会提前一年过整生日，名为“庆九”。

村南小景

赶松岗庙庙会

松岗庙在徐墖南面约2公里。旧时，每年农历三月十八，都要举办庙会(当地称“社火”)，规模宏大。十里八乡的人都要扛旗打伞地去赶庙会，在庙会上赶热闹、展风采。

庙会上有唱大戏的、玩把戏的、杂耍的、卖艺的、看西洋镜的、套圈的、卖各种小吃的。这里人头攒动，摩肩接踵，吆喝声、嬉笑声交织在一起，热闹非凡。

庙会上最重要的活动，是几个大村相互较劲、出“风头”。主要有徐墖、咸墅、王墅、解溪、索墅这几个人口在千人以上的大村，尤其是徐墖和咸墅这两个村，每年都要“斗狠”、“比试”。当时，徐墖要组织五六十名精壮男子，身穿一色的大腰裤、对襟褂、黑布鞋，结队前往。领头的是三个人顶起的三节头“个个”，最上层的壮汉手持一面约一丈见方的白色大旗，上面绣着“徐墖”两个大字。大旗的后面跟着许多面彩旗，还有敲锣打鼓的、燃鞭炮、放火铳的，最后面跟着的是许多妇女小孩。大家排成长龙，浩浩荡荡，直奔庙会而去。特别是有那二三十把火铳，齐放起来，那气势还是很吓人的。

到了庙会上，各村的人相互比本领，如：举“石担子”、玩“石锁”、“顶个个”、舞大旗、摔跤，等等。往往到了最后，徐墖和咸墅这两个大村之间就会打起架来，打的很激烈，但不会往死里打，只是相互抱摔、驱赶，只求占了上风就算赢了。然后得胜回村，喝酒吃肉，庆贺一番。下一年，两村再来较劲。别看庙会上两个村拼命较量，但平时两村的人关系仍然很好，亲戚朋友间照常来往，客客气气。

这种庙会在50年代初就不再举办了。但在徐墖许多人的记忆中，却是留下了难以忘怀的印象的。至今，一些老人们说起来还津津乐道。

注：1. 解放前徐墖村有几个男子汉在庙会上的表现一直很出色，很有名气。主要有：陈松年、徐传发、李明玉、祁泽武、孙瑞生（孙老四）、陈金钱等。特别是陈松年，外号“小小伢”，矮矮的个子，结实灵活，力气大，功夫硬，打起架来不要命，在庙会上人人都怕他。

2. “顶个个”，是指由几个人像“叠罗汉”一样，一个扛着一个，能扛几层上去，叫几节头的“个个”。最上层的人还要举着大旗，迎着风前进，是很不容易的。

村中拱门

玩石锁、举石担

旧时，徐墄的青壮年男子喜欢玩“石锁”、举“石担子”，每天傍晚，都有些年轻人聚集在村子里的几处场地上，玩起大大小小的石锁、石担子。围观者甚众，喝彩声不断，很是热闹。

石锁，小的二三十斤，大的五六十斤，甚至七八十斤。石担，也有几十斤到一百多斤不等的。这些玩起来都既要有力气，又要有技巧，很不容易。举石担分“挺举”和“抓举”。玩石锁的花样就多了，什么“猴子戴帽”、“小鬼背纤”、“推双龙”、“捞豆腐”、“架膀”等等，令人目不暇接。

徐墄村在上世纪四五十年代，石锁和石担子玩得最好的人是陈松年（外号“小小伢”）。五六十斤重的石锁，在他的手中能玩得溜溜转。特别是什么“小鬼背纤”，他能一口气连续玩上好几个。他的这个名声在十里八乡都很响。他常常到邻村和淳化镇上去露一手。还有徐宗根（祖开），虽然技巧上比陈松年差了些，但力量上却更强，七八十斤的大石锁也玩得起来。

玩石锁、举石担是一项很好的农村体育运动项目，至今在淳化一带，还有不少的爱好者，他们常常聚在一起切磋和比试。

民宅后院的石桌、石凳

斫柴、打桩

旧时，徐壋有民谣：“徐壋人苦难当，不是斫柴就是打桩，尖担头上挂米缸。”“镰刀磨得像银子，衣服破的像裙子。”那时的徐壋人，除了种田，就是进青龙山斫柴（割柴），然后挑到东山、高桥门去卖，以此作为养家糊口的重要“营生”。

徐壋村一直拥有青龙山南麓的大片山林权益，那是祖辈们挣下的村里的公产，面积约4平方公里。当时都是荒山秃岭，很少有高大树木，基本上都是柴草和小灌木。柴草的品种主要是“红茅草”和“旗帜杆”，小灌木以“小栗柴”为主。斫柴人最喜欢斫“旗帜杆”，能卖出好价钱。这种草齐整、漂亮、耐烧、不易腐烂，最适合盖草房。用这种草盖出的草房既厚实保温，又齐整好看。

徐壋的每户人家，几乎都备有镰刀、“尖担”、“木索”和“草绕子”，尖担是用刺槐、桑木等结实而又有韧性的树木制作的，长约六尺，两头有尖尖的铁头，可以戳起二百斤左右的两大捆柴，担在肩上，忽悠忽悠的很利索，在山上走起来不会磕磕绊绊。那捆柴的“木索”是用经捶打好的籼稻草，用专门的器械摇制而成的，直径约三厘米，长约一丈，结实、柔软、耐用。“草绕子”也是用来捆柴的。揪“草绕子”是徐壋人的“绝活”：用几把稻草，在手里七揪八揪、七绕八绕，就成了一个个鸟窝状的绳团，往尖担头上一串，拿起镰刀就上山了。

徐壋人使用的镰刀也与一般的不同，分两种：一种是有“库”的小镰刀，刀头长约六七寸，灵巧称手；另一种是“大侉刀”，弯弯的长条状刀片，约一尺多长，插在一个开有长方孔的木柄上，用“楔子”楔紧后使用。这种刀割起柴来，一甩就割倒一片，又快又好。

新中国成立前，徐壋的一些穷人靠常年斫柴为生，卖了柴买米买油，糊口度日，非常辛苦。全村每户人家的房前屋后也都会有一个大柴堆，一年四季烧锅煮饭，就全靠它。

新中国成立后直至改革开放，政府为了保护山林绿化，每年都要“禁山”，只在秋收后的十一月份，才“开山”五天左右，让村民们上山斫柴。每年的“开山”，可是一道引人注目的“风景线”：数百人扛着尖担拿着镰刀，天一亮就争先恐后地上山了，不到天黑不肯下山。山路上，尽是那些挑柴的人，个个汗流浃背，力尽不知歇，但惜秋日长。一担担的柴下了山，一家家的柴垛高起来。

至今，青龙山仍实行严格的“禁山”和山林防火。随着农村生活燃料的现代化，也没有人再进山斫柴了。

注：斫柴，意为用刀割柴。斫 zhuō，徐墖人读音为 zà。

游子吕业新携家人在村东稻田边

种田把式

徐墖人历来重视农耕，仅从全村有十来户地主这点，就可见徐墖人对土地的重视和对农业的依赖。

徐墖人对种田很讲究，节气时令把握精准，稻麦旱谷种植适宜，水利设施修建配套，农活技艺一丝不苟。在长期的农业生产实践中，一代代的种田人当中，都有一些出色的种田“把式”。他们吃苦耐劳、又技高一筹，在耕田、耙田、耖田、车水、插秧、薅稻、收割、打场等各个环节上，都能显示出不凡的本领。有些人虽然是地主，但本人就是种田好手，如徐济剩、徐从永等，什么农活都拿得起，干活有板有眼。那些雇工中的领班，更是些好“把式”，是靠种田的本领吃饭的。

在人民公社生产队时期，徐墖各个生产队都有几个好“把式”，这些人大都担任了队长、副队长。如：朱世喜、祁泽武、徐存斌、孙祯祥等。如今健在的70岁左右的人当中，还有几个比较有名气的种田“把式”，如：朱德华、陈育华、徐在桂、许连喜等。他们的庄稼，长势比别人好，收成比别人多，品质比别人优。很受人们称道。

村中雪景

徐墖的瓦、木匠

瓦匠徐宗根（祖开）

徐墖村老一辈的瓦、木匠还是比较有名的。活跃在上世纪40—70年代的代表人物有：瓦匠徐宗根、马继发、黄正富，木匠朱成友。三位瓦匠都是淳化严成富、严成洪两兄弟的徒弟；木匠朱成友则是淳化王考乐(外号“老母猪”)的徒弟。“老母猪”是做大型农具的高手，“细木”手艺不精。

这几个徒弟都“青出于蓝而胜于蓝”。徐宗根后来带出了徐从照、李建功、苏昌华，黄正富带出了李仁和，马继发带出了马洪柯。其它还有孙祯森、祁泽友、庞文龙、徐存忠、苏文高、蓝瑞生、孙祯国、李先华、徐树才、徐在勤、徐祖宏、李先发、方成宝、孙祥虎、陶四清、孙传喜、孙传兴、黄献成、陈长军等人也先后成为瓦匠。徐从照曾担任淳化公社建筑公司副经理，李建功曾担任县建筑公司的工头（项目经理）。苏文高、徐树才、孙传兴等也当过建筑包工头。

木匠朱成友的手艺超过他师傅“老母猪”，特别是“细木”手艺很出色。他在60—80年代创办了青山木业组、青山木器厂，招收了26名木工，专门制作家具，修理农具和盖房屋。他还亲手带出了马洪俊、杨忠贵、骆有华、董礼才、吕克伟、陈义泉、孙祥友等徒弟，其中，马洪俊和骆有华两人技艺精湛，做出的家具既漂亮、又结实，名气很大。后来，马洪俊带出了马云强，骆有华带出了聂发、苏文平、骆建平等徒弟。还有

木匠马洪俊

袁俊、袁刚、宫先祥、黄宝林、郭传军、孙传俊、孙传江、孙祥胜、林福军等人，后来也成了手艺很好的木匠。特别还要提到的一个人是袁长明，他是袁俊的父亲，是个多面手，木匠、石匠、铁匠、磨豆腐、炒“炒米”等，他样样都拿手。他终年 72 岁，一辈子辛辛苦苦，忙忙碌碌，且为人耿直、倔强，抚养四个儿子长大成人，帮他们成家立业，实属不易。

另外，徐墖还有一些人学了“漆匠”，主要代表有苏克胜、马云斌、褚成保、吕杰、吕克仁、邹叶俊等。在当地也有一定知名度。

漆匠褚成保

木匠宫先祥

五

乡村治理

XIANG CUN ZHI LI

XU AI OF ANCIENT VILLAGE 古村徐塧

乡村治理制度的沿革

中国农村的乡村治理制度，自古至今，随着社会性质和社会根本制度的变化，也经历了一系列变革。徐墙村的情况亦然：

1. 乡绅治理 在长期的封建社会中，中国农村基本上一直沿用“乡绅之治”的制度，即所谓“国权不下县，县下惟宗族，宗族皆自治，自治靠伦理，伦理造乡绅”；“一方面是自上而下的皇权，另一方面是自下而上的绅权和族权，二者平行运作，互相作用，形成了‘皇帝无为而天下治’的乡村治理模式”。

2. 保甲制度 民国时期，实行“保甲制”，即所谓“十户一甲，十甲一保”。在保甲内，实行各户互相监督和互相告发的连坐法，以及各项强迫劳动和征抽壮丁的办法。1934 年，国民党政府将保甲制在它的统治区内全面推行。徐墙村设有一“保”、若干“甲”。

3. 小乡制 建国初期，实行“县、区、乡”体制下的“小乡制”。“小乡”辖几个自然村，设党支部、农会、乡长以及民兵组织。各个自然村设若干村干部。徐墙村属“青山乡”辖。

4. 农业合作社 合作化时期，农村经历从互助组、初级社到高级社。高级社的规模和范围即原来的小乡范围。高级社设党支部、社长以及民兵组织。徐墙自然村里有若干初级社。

5. 人民公社制 1958 年开始，农村实行公社、大队、生产队“三级所有，队为基础”的体制和机制。大队设党支部、大队长；生产队设队长、指导员、妇女队长。生产队一般有 20~30 户人家，150 人口左右。徐墙分设 8 个生产队。

6. 行政村制 改革开放后，先实行“乡、行政村、村民小组”的体制，后又改为“镇、行政村、村民小组”的体制。徐墙村分成 8 个村民小组。

7. 社区制 2005 年，淳化撤“镇”改为“街道”，实行“街道、社区、居民小组”的体制。社区设党总支、居民委员会。但是作为自然村，徐墙一直自行设有“自然村长”，受社区委托，负责协调本村各居民小组（村民小组）的各项管理事务。

历届村干部

在漫长的封建社会中，徐壿村的乡村治理模式一直沿用“乡绅治理制度”。

民国时期，徐壿实行“保甲制”，十户一甲，十甲一保。上世纪40年代后期，徐行、祁世富(祁老九)先后担任过保长，吕先甲也担任过甲长、保长。

建国初期，江宁县实行“县、区、乡”三级行政体制，徐壿村属青龙乡管辖，后又划为青山乡。村干部先后有李建坤、徐友珍、黄正富、潘德金、胡茂如、庞自兴、潘朝友等人担任。李建坤任过乡长，徐友珍任过副乡长。

农村合作化以后，李成林任高级社社长、徐友珍、潘朝友任副社长。潘朝友还任民兵营长。

成立人民公社后，徐壿村属青山大队管辖，分成八个生产队。先后担任过生产队长的有：一队队长朱世喜、聂维贵、朱德华，二队队长李明玉、卢善友，三队队长祁泽武、李德华，四队队长徐存斌、徐仁福，五队队长褚自发、林锡祥、王崇根，六队队长苏可圣、徐国宝，七队队长孙祯富、孙祯祥、苏克海，八队队长王继长、邹自义、蓝瑞年、邹兆兴、徐锁子。徐传发曾一直担任纸筋坊的队长近二十年。担任过生产队会计的有：一队会计陶庆友，二队会计马洪生，三队会计徐祖贵，四队会计陶太根，五队会计刘长华、吕克霞、江华、庞家庆，六队会计陈梅生、陈金华，七队会计孙祯祥、苏昌祥，八队会计诸长庚。

八十年代改革开放后，人民公社先后改为乡、镇、街道，原生产大队先后改为行政村、社区。徐壿村作为自然村，先后担任自然村长的有苏银章、徐仁福、苏克胜、卢善友、苏建东。担任过自然村村委的有李德华、庞家庆、许连喜、苏昌祥，祁锦秀任妇女委员。

在生产大队、行政村、社区的沿革中，刘长华曾任大队党支部书记，徐从立、苏银章曾任行政村、社区党支部书记，傅秋美曾任社区妇女主任、党支部副书记，陈梅生、徐步曾任大队、行政村、社区的主办会计和党支部委员。

注：

1950年8月，土地改革运动开始，划分阶级成分，分土地。

1956年3月，农村合作化运动进入高潮，成立青山高级社。

1958年9月28日，淳化人民公社成立，高级社改为青山生产大队。

1982年5月，人民公社撤销，淳化公社改为淳化乡，青山改为行政村。

1989年2月，撤乡建镇，改淳化乡为淳化镇。青山仍为行政村。

2005年3月，淳化撤镇建街道，青山改为青山社区。

村中小景

徐墖村土地制度的沿革

农业是解决人类赖以生存和发展基本生活需要的基础。中国数千年来一直是一个农业社会，农耕文化源远流长。农民视土地为命脉，以务农为根本，日出而作，日落而息，春播秋收，世代繁衍，创造了灿烂的华夏文化。

江宁地区农业生产历史悠久，自秦汉至三国东吴时代，史书就有记载。宋朝南渡后，这里的农业获得更大的发展。徐墖村自南宋初年建成后，历宋、元、明、清各代，农田持续开垦，水利不断兴修，到了民国时期，徐墖村村民所占耕地，不仅有本村周围的千余亩，还有遍及十里八村的数百亩良田，另有数千亩山林。真可谓是“良田锦绣，稻麦甚丰”。

中国的土地制度，数千年中一直是封建的土地私有制。新中国成立后，共产党领导农民翻身作主人。1950 年 6 月 30 日，中央人民政府委员会通过了《中华人民共和国土地法》，下半年开始，徐墖村实行“土地改革”，到 1951 年 9 月底结束。全村划分阶级成分，有十户被划为“地主”，其土地、房屋和浮财被分配给了贫下中农。农民都拿到了新“土地证”。

土改后，农民分得了土地，很快又出现了两极分化的现象。因此，党和政府开始有计划地组织农业社会主义的改造，由互助组、初级农业生产合作社，到高级社，逐步把小农经济改造成集体经济，把个体农民转变为集体农民。1952 年徐墖村出现互助组，1954 年到 1956 年初，全村先后办起 8 个初级社。接着就发展为高级社，其规模和范围就是当时的青山“小乡”，也就是后来的“青山大队”。社内的生产资料一律归集体所有，社员实行按劳分配，取消土地分红。高级社下设若干生产队。

1958 年 9 月份，淳化人民公社成立，实行“政社合一”，“一大二公”。青山大队下辖 31 个生产队，徐墖村有 8 个生产队。

随着公社化运动的发展，以高指标、瞎指挥、浮夸风和共产风为主要标志的“左倾”错误严重泛滥，自留地、山林果园、部分未入社的大中型农具和运输加工工具全部收归公社所有。强调土地全面规划，作物品种连片种植。劳动管理实行军事编制，搞“大兵团作战”，伙食供给制，办“大食堂”，吃饭不要钱。这种共产风，浮夸风严重破坏了农村生产力，社员生活状况急剧恶化，1960 年春出现严重饥荒、浮肿病蔓延，很多人因饥饿死亡、外流等情况不断出现。

1961 年 4 月，中央颁布《农村人民公社工作条件（草案）》（即六十条），明确人民公社实行“公社、生产大队、生产队三级所有，生产队为基本核算单位”。社员各尽所能，按劳分配，多劳多得。逐步纠正了“左”的错误。

1966 年，“文化大革命”开始，“农业学大寨”，“割资本主义尾巴”，平均主义、“大锅饭”严重挫伤农民积极性，阻碍生产力发展。

1980 年，徐墖村开始试行“联产计酬责任制”，1981 年秋后，实行“包产到户责任制”。1982 年全面实行“联产承包责任制”，责任田的承包权一定 30 年不变。农民获得了独立生产者的地位，农村和农业纳入商品生产的轨道，新中国成立了大批劳动力，很多人转入乡镇工业生产和从事第三产业。

1982 年 5 月，江宁县完成了以社建乡、乡社分设的体制改革，结束了人民公社的行政管理体制，人民公社成为乡政府领导下的合作经济组织。青山大队改为青山行政村，徐墖的 8 个生产队也改为 8 个村民小组。

村中小景

进入 90 年代后，由于大批农村劳力外出务工，耕地出现大片抛荒现象，政府开始推动“土地流转”，让耕地向种粮大户集中。1996 年对“承包土地”进行普查登记。2018 年 2 月，中央宣布：农村土地承包期再延长 30 年。农民再次吃了“定心丸”。这年，徐墖村完成了农民承包土地的确权工作。

人口户籍

徐墶村经世代繁衍，在明、清时代，人口已逾千人。新中国成立初期，除去外出谋生、经商的许多人之外，村里的人口也有八九百人。三年困难时期，人口有所减少，但上世纪 60 年代中期至 80 年代初，人口增长较快，已达 1100 人左右。

1981 年党和政府强力推行“计划生育”，严格控制生育“二胎”，人口迅速增长的势头得到控制。

80 年代后期至 90 年代初，地方政府搞“卖城镇户口”，许多人家花钱买了淳化、东山等“城镇居民户口”，跳出“农门”，变身“城镇人”。再加上大量富余劳动力外出“打工”，村庄出现“空壳”现象，村里多是“留守老人”和“留守儿童”。户籍人口数量出现下降，但实际人口数量并未减少。

近两年来，随着“乡村振兴”战略的实施，农村经济有了新发展，农村面貌有了新变化，农村有了新的吸引力，原来出去的人口又开始了“回流”，外地移民也陆续迁来，村庄总人口呈现了增长。

村民跳广场舞

附：徐墖村人口、土地统计表

徐墖村 1983 年人口登记、土地情况						
序号	村组	户数	人口	责任田面积	水田	旱地
1	徐墖 1 队	33	141	137	137	
2	徐墖 2 队	28	108	127.55	127.55	
3	徐墖 3 队	34	128	153.99	153.99	
4	徐墖 4 队	19	96	123.98	110.63	13.35
5	徐墖 5 队	21	103	97.34	97.34	
6	徐墖 6 队	33	138	144.12	132.88	11.24
7	徐墖 7 队	48	212	274.46	274.46	
8	徐墖 8 队	30	138	140.68	140.68	
	合计	246	1064	1199.12	1174.53	24.59

徐墖村 2018 年人口登记、土地情况				
序号	村组	2018 年户数	2018 年人口	2018 年责任田面积
1	徐墖 1 队	34	126	128.2
2	徐墖 2 队	35	109	113.11
3	徐墖 3 队	47	127	151.76
4	徐墖 4 队	31	106	130.01
5	徐墖 5 队	29	105	89.64
6	徐墖 6 队	41	165	149.76
7	徐墖 7 队	65	226	229.12
8	徐墖 8 队	44	152	162.21
	合计	326	1116	1153.81

徐墖村乡贤议事会章程（试行）

一、徐墖村乡贤议事会是部分资深村民参与乡村文明建设的咨议组织，接受社区中共党组织的领导，协助社区及本自然村实施乡村振兴战略。

二、本议事会的职责是：广泛联系村民群众，认真收集社情民意，定期综合分析乡村治理中的热点和难点问题，积极为社区及自然村领导建言献策，努力发挥桥梁纽带作用，为社会主义新农村建设尽绵薄之力。

三、本议事会努力倡导文明乡风，培育乡村德治土壤，营造崇德向善、见贤思齐的社会氛围，扶正祛邪，净化和涵养社会风气。

四、本议事会是参谋班子，不是权力机构。严格遵循“参政不干政，议政不乱政”的原则，坚决支持和维护社区党政领导班子的权威。

五、本议事会实行民主集中制原则，坚持民主基础上的集中与集中指导下的民主相结合。

六、本议事会可根据实际需要，向社区有关领导建议，召开由社区分管领导（片长）、自然村长、本村党小组长和议事会成员参加的联席会议，共同研究解决本村的实际问题。联席会议由片长主持。

七、本议事会设会长、副会长、秘书。会长负责召集议事会的定期例会和临时会议，并组织实施议事会的各项决议。秘书负责议事会日常事务。

八、本议事会每月召开一次例行会议，研究本会工作。平时若有需要，可临时召集会议研究专项事务。

二〇一八年二月十二日

徐塭村乡贤议事会成员

会　长： 刘长华

副会长： 苏银章

秘　书： 吕业民

会　员：

刘长华　男，1942 年生，汉族，中共党员，原大队书记。

苏银章　男，1951 年生，汉族，中共党员，原行政村书记。

徐从照　男，1948 年生，汉族，中共党员，原淳化公社建筑公司副经理。

陈　希　男，1953 年生，汉族，中共党员，退休教师，原徐塭小学校长。

吕业民　男，1949 年生，汉族，中共党员，退休干部。

刘金萍书记率村乡贤会成员考察孟墓社区

村规民约

要讲究卫生　美化环境　不要破坏绿化　损坏环境

要家庭和睦　邻里互助　不要惹是生非　影响团结

要亲敬友爱　尊老爱幼　不要自私自利　损人利己

要爱护公物　保护村容　不要乱堆乱放　私搭乱建

要遵纪守法　维护秩序　不要寻衅滋事　打架斗殴

要言行文明　信守公德　不要粗言秽语　贩黄聚赌

要崇尚科学　移风易俗　不要封建迷信　传播邪教

要履行义务　共建家园　不要损害公益　玷污形象

徐墖村全体村民

附：乡约

“乡约”，也称村规民约，是农村非正规制度的制度化、乡土伦理的成型化。宋代有一个非常有名的《吕氏乡约》，是由“蓝田四吕”（即吕大忠、吕大钧、吕大临、吕大防）倡导制定的，包含四项：即“德业相劝、过失相规、礼俗相交、患难相恤”。这四兄弟于北宋神宗熙宁九年（公元1076年）制定了这个乡约，对一千年来的中国乡村治理模式影响甚大。

“乡约”既是一个农村社区（一个乡或者一个村）的居民互相劝勉，共同认同的一套伦理规则，也是一套完整的社会保障与社会救济制度，显示出我国古代的乡村自治的一种雏形。

“乡约”的实施，是首先推举年高德劭者为“约正”（即主要负责人），“专主平决赏罚当否”；另外每月选一人为“直月”（即“值月”，为具体的赏罚执行人），“实施劝勉赏罚”。“乡约”以定期聚会形式，敦促乡邻向善除恶。“同约之人各自省察，互相规诫。小则密规之，大则众戒之，不听则会集之日，直月告于约正，约正以义理诲谕之。谢过请改则书于籍以俟，其争辩不服与终不改者，听其出约”。这些“乡约”看起来似乎是一些没有约束力的伦理条款，但是在乡土社会中，它的实际约束力是非常强大的。如果有人被“出约”，后果就很严重，这个人在乡间就很难生存，这个家族的名声也就完了。

“乡约”实际上并不简单的是道德教化，它是中国传统宗族社会一个具有乡村自治功能、社会保障功能、社会救济功能的制度设计，能够保证一个宗族的和谐、延续和稳定。

吕业新、吕业民、王家富游家乡藏龙寺

旧时徐墖乡村治理点滴

在旧社会的很长历史中，徐墖村一直据有青龙山南麓的大片山林权益（约4平方公里），这是当时村里的“公产”，归全村人共享，由“村董会”掌管。“村董会”由3~5人组成，“村董”由村民公推公举产生，大都由村里的“大户”担任，也有虽非大户但公正耿直的人出任。凡村里的大事，“村董会”都要共商决定，然后组织实施。上世纪40年代中后期，村里人与山后贾家村人械斗，打死对方一人，引发一场“官司”，就是由“村董会”出面，最后卖掉黄龙埝200多亩地和“塌塌山”等近千亩山林，筹款作了赔偿，才了结了这场官司。

徐墖村中的“三家桥”经常是全村共商大事的地方。这里有三块又长又大的青石条铺在街道中间，下面是村庄的总下水道。这“三家桥”就在“吕氏宗祠”东“券门”处，“吕氏宗祠”也就常常成了开会的场所。

徐墖村大的家族，其宗祠也掌管有一定的土地和财产，这土地叫“祭祀田”，其地租收入用于本家族祭祀活动的开支以及家族内的救济保障。新中国成立前，“吕氏宗祠”就有几十亩“祭祀田”，由那时的“族长”吕义路掌管。吕氏家族每年的祭祀活动、元宵跳鼓时置办酒食的费用，都从这里支出。祠堂每年要向族人公布收支账目，接受族人监督。

附：　义庄、义田、社仓

"义庄"是传统乡土社会中进行社会保障和救济的一种机制。宋朝范仲淹创"范氏义庄"，凡是族人困难时，可以在本族义庄内领口粮、领衣料、领婚姻费、领丧葬费、领科举费、设义学（请本族有功名的人教育本族子弟并给教授者束脩）为急用钱或贫穷者借贷（要到时偿还，若不能归还，也不扣其月米，以保证他的基本生活）。宋代以后，义庄这种以家族为纽带的社会救济和社会保障组织在江南开始发展起来。

"义田"也是传统宗族社会中一种救济和保障机制。一个家族会在家族土地中拿出一部分作为义田设置，为那些一旦发生灾祸（如火灾、病患等）的宗族成员提供保险。当这个家庭摆脱贫困了，再把这块田让出来给更贫困或发生问题的家庭，这样轮流使用下去。

"社仓"是一种带有公益性质和家族救济性质的借贷机制。社仓一般是春季放款、放粮，秋冬季还款、还粮。南宋朱熹创立了有名的"崇安社仓"。社仓的利息较低，对贫苦族人是一种救济。

村中小景

六

教育卫生

JIAO YU WEI SHENG

XU AI OF ANCIENT VILLAGE 古村徐塧

徐塕村的教育

徐塕村人历来重视教育，信奉“诗书传家久，耕读继世长”的理念。史上出过一些读书做官的人，曾有过“故儒吕源”这样受皇帝旌表的人物。近代以来，尊师重教之风一直传承不息。

据信实的口碑称，清末民初，“前徐”大户的徐代错，人称“大先生”，是一位读书人，晚年在前徐的“徐氏宗祠”内开办私塾，设馆授课。全村许多少年就读于此。上世纪八九十年代，时年八十多岁的吕先霖等老人还常念及于此，满怀对“大先生”的思念之情，师恩难忘。

上世纪 40 年代，村里来了乡村教师，办起了新式的小学，村民子女读书的多了起来。在此后的三十余年间，“吕氏宗祠”成了徐塕小学的校舍，办学规模也逐渐扩大，新中国成立初期就办成“完小”模式，后来曾有过两个复式教学班模式，再后来又成为“完小”。1976 年，校址迁到村子北面的两长排新校舍之中（此新址是拆除了此处的寺庙“集庆庵”改建的）。先后在徐塕小学任教过的教师有：王耕云、张钊、田寿庵、李建华、曹元兴、柯奇、徐达哉、徐森、王贵宏、殷绍珍、李忆萱、江忠海、宫义颖、项建平、王宝廉、钱家彦、袁蕴孝、王孝湘、王秋玲、焦美、李爱成、吴才香、鲁顺福、苏兆根、马万斌、陈希、朱宝成、颜邦臣、郝继桂、王萍、徐梅香、吕业萍、鲍来琴、张春花、施厚银、徐祖明、董洛根、于兰香、陈香等。他们为徐塕村的教育事业挥洒了汗水，为徐塕人的成长进步付出了心血。

徐塕小学曾走出过不少优秀的学子，他们遍布祖国各地，有的还取得一定的成就，为徐塕人增光添彩。1979 年时，徐塕小学的毕业生徐存杰、徐巧红、陈韶东以优异成绩分别考取了南师附中、江宁县中，一时引起轰动。他们的老师陈希获得人们的交口称赞，荣获“南京市先进教育工作者”称号。

除了正规的学校教育外，新中国成立初期，村里还举办过多期各种形式的“民校”，对文盲和半文盲的村民进行文化教育，开展“扫盲”活动。

村里的文化人如徐宗喜、徐在楠、张春祥、聂礼斋、徐祖明、聂奇臻、朱德忠、马洪英、祁泽美等都曾在“民校”教过课。马洪英曾荣获乡“先进民校教师”称号。

村里在上世纪50年代末大跃进时期和七八十年代还曾开办过幼儿班。徐从英、吕克云、王素华、陈美华、耿掌明、徐卫华、潘玉成、朱德兰、吕青、徐存银等先后任教。因为幼儿班办得比较出色，1980年，时任全国妇联主席的李先念夫人林佳楣专门来此视察，使徐塆人深受鼓舞。幼儿班负责人陈美华同志也获得“南京市先进幼儿教师”称号。

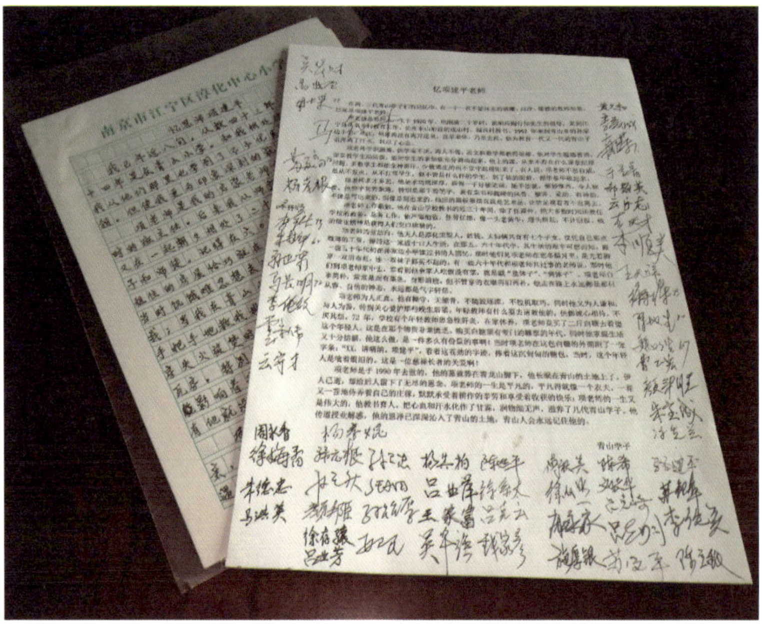

《忆项建平老师》一文签名照片

忆项建平老师

项建平老师

在两、三代青山学子们的记忆中，有一个一直不能抹去的清癯、白净、儒雅的教师形象， 他就是项建平老师。

项老师是苏州人，生于1920年。他刚满二十岁时，就响应陶行知先生的倡导，来到江宁县从事乡村教育工作。先在东山附近的成山村、湖西村教书。1952年来到青山乡的孙家边小学，从此，他就再没有离开这里，直至退休，乃至去世。他为教育一代又一代的青山子弟挥洒了汗水，耗尽了心血。

项老师学识渊博。他学而不厌，诲人不倦，语文和数学都教得很棒。他对学生循循善诱，课堂教学生动活泼，能把学生的求知欲充分调动起来。他上的课，从来不存在什么课堂纪律问题，多数学生都能全神贯注，少数调皮的也不觉守起规矩来了。有人说：项老师不怒自威，虽从不发火，从不打骂学生，但不管是什么样的学生，到了他的面前，都毕恭毕敬起来。

项老师多才多艺。他美术功底深厚，画得一手好硬笔画，随手绘就，惟妙惟肖，令人称奇。他的字隽秀飘逸，特别是那手粉笔字，兼有隶书和魏碑的风骨，整齐、灵动、有神韵，不像是写出来的，倒像是刻出来的。他出的黑板报简直就是艺术品，让驻足观看者不忍离去。

项老师工作勤勉。他在青山学校教书的近三十年间，除了任课外，绝大多数时间还兼任学校的教务、总务工作。他严谨细致，任劳任怨，像一头老黄牛，埋头耕耘，不计回报。他的敬业精神是获得人们交口称赞的。

项老师清贫洁白。他夫人是淳化宋墅人，姓钱。夫妇俩共育有七个子女。仅凭自己那点微薄的工资，操持这一家近十口人生活，在那五六十年代中，其生活的艰辛可想而知。据一些50年代初在孙家边小学读过书的人回忆，那时他们见项老师在寒冬腊月里，是光着脚穿一双旧布鞋，连一双袜子都买不起的。有一些60年代和项老师共过事的老师说，那时他们到项老师家中去，常看到他全家人吃饭没有菜，就是戳“盐钵子”、“酱钵子”。项老师自奉简朴，常常是面有菜色，身形消瘦。但不管穿的衣服再旧再补，他走在路上永远都是那副从容、自信的神态，永远都是气宇轩昂。

项老师为人正直。他有操守，无媚骨，不随波逐流，不投机取巧。同时他又为人谦和，与人为善，特别关心爱护那些晚生后辈。年轻教师有什么去请教他，他都诚心相待，不厌其烦。1972年，学校有个年轻教师患急性肝炎，在家休养，项老师竟买了二斤白糖去看望这个年轻人。这是在那个物资非常匮乏、购买白糖须有专门的糖票的年代，同时他家庭生活又十分拮据，他这么做，是一件多么有分量的事啊！当时项老师在这包白糖的外面附了一张字条：“业民，请哂纳。项建平。”看着这苍劲的字迹，捧着这沉甸甸的糖包，当时，这个年轻人是噙着眼泪的。这是一位慈祥长者的关爱啊！

项老师是于1990年去世的，他的墓就葬在青龙山脚的蘼芜涧，他长眠在青山的土地上了。伊人已逝，却给后人留下了无尽的思念。项老师的一生是平凡的，平凡得就像一个农夫，一茬又一茬地侍弄着自己的庄稼，默默承受着耕作的辛劳和享受着收获的快乐；项老师的一生又是伟大的，他教书育人，把心血和汗水化作了甘霖，润物细无声，滋养了几代青山学子。他传道授业解惑，他的恩泽已深深沁入了青山的土地，青山人会永远记住他的。

小记：

项建平是我的老师，在我小学五、六年级时曾教过我算术。我参加工作后又有幸与他共事三年，再次承受着他的关爱与教诲。可遗憾的是，他去世时我却没得到讯息，没能参加他的葬礼。为此，我一直心存愧疚。

今年清明节的前两天，我获项老师长子志明大哥陪同，与我的一位学弟吴华强一道，来到青龙山南麓蘼芜涧的项老师坟前，以一束鲜花、一瓶老酒、一篇祭文、一捧纸钱，对项老师作了祭拜。青山巍巍，涧水潺潺，青烟袅袅，香气霭霭，其音容笑貌，宛现眼前。

斯人长已矣！愿我的恩师九泉含笑、天国安详！

2018年4月5日

《忆项建平老师》签名录

姓名	年龄	身份	关系	姓名	年龄	身份	关系
陈希	65	教师	师生	黄久和	66	教师	师生 同事
刘长华	77	原大队书记	友人	李爱成	67	教师	师生 同事
吕克崎	78	退休工人	师生	戴增荣	56	个体老板	师生
吕克明	76	兽医	师生	云守志	76	村民	师生
苏文平	56	木匠	师生	王天才	77	原大队干部	师生
骆建平	56	干部	师生	李顺美	65	村民	师生
苏银章	68	原社区书记	师生	王天祥	68	退休工人	师生
李伦美	70	村民	师生	徐守保	73	村民	师生
傅秋美	57	原社区副书记	师生	陈地生	70	退休工人	师生
徐从照	71	村民	师生	魏巧生	67	社队会计	师生
庞家庆	78	村民	师生	曹正洪	58	社队会计	师生
施厚银	78	教师	师生 同事	颜邦胜	67	自然村长	师生
陈立银	83	教师	师生 同事	朱宝成	66	教师	师生 同事
陈世平	59	工人	师生	冯先兰	66	退休工人	师生
徐系太	78	乡企干部	师生	吴华财	69	原大队干部	师生
吕克云	80	村民	师生	高安全	68	原大队干部	师生
钱家彦	81	教师	同事	胡士荣	77	村民	师生
杨其柏	83	教师	同事	马长牛	70	个体老板	师生
王家富	58	教师	师生 同事	苏文高	72	包工头	师生
吕业萍	59	教师	师生 同事	杨孝根	68	油坊老板	师生
吴华强	66	教师	师生 同事	苏开顺	86	教师	同事
任小四	53	社区干部	师生	李兴士	73	社队干部	师生
孙贻厚	78	乡企干部	师生 同事	朱桂华	62	社队会计	师生
孙卫民	69	村干部	师生	孙正东	62	村干部	师生
孙元根	68	社区干部	师生	马长明	72	自然村长	师生
孙元庆	70	退休干部	师生	李伦钦	64	瓦工工头	师生
颜邦臣	82	教师	师生 同事	云守传	73	退休民警	师生
徐存骧	80	退休干部	师生	云守才	69	社队会计	师生
吕业芳	80	退休医生	师生	马洪英	75	退休工人	师生
徐梅香	60	文化干事	师生	朱德忠	77	退休干部	师生
吕业蕙	78	退休干部	师生				

乡村好教师——陈希

乡村好教师——陈希

陈希老师，是徐塠小学的最后一任校长，他在此任职八年，其勤勉敬业，诲人不倦的精神，一直被徐塠村民传颂着。

陈希从小也是在徐塠小学读书的，高中毕业后，又回到这里教书，这是一种缘分、一种回馈，他十分珍惜这个机缘。他在好学上进、不断提高自己的同时，以满腔的热忱投入工作，教书育人。

他的家离学校并不远，仅里把多路，但为了有更多的时间用于自身学习和辅导学生，他却在学校安下铺盖，以便安排学生上晚自习，自己也经常熬夜工作到深夜。他一直教高年级数学，对教学业务潜心钻研，在教材教法方面有自己独到的把握和运用。他的教学质量一直在全乡镇居领先地位，他教出的学生，有多人在升学考试中出类拔萃，为徐塠小学争得了荣誉，并成长为出色人才。他们中有一些人已年近五十，获得了高级技术职称。他们回忆起来，都说是陈希老师当初为他们打下了扎实的基础，他们对陈老师饱含感激之情。

陈老师后来担任了青山学校的校长，工作担子更重，但他勤勉之风一直未改。乡间人都非常熟悉他骑着一辆旧自行车，早晚奔波在乡村田间的身影。80年代的报纸曾经以《陈希与旧单车》为题报道过他爱岗敬业的事迹。

陈希老师在教书育人的土地上辛勤耕耘，赢得了人们的尊重和赞誉，也多次获得上级政府部门的嘉奖。他曾荣获“南京市先进教育工作者”称号。

村里又添“金榜题名人”

2017 年暑期，村里接到喜讯，有一人考取“985”大学硕士研究生，有两人考取了“本一”大学本科生：

徐进之女徐小涵考取东南大学医学院硕士研究生。

徐志勇之女徐婧洁，以 367 分的高考成绩，进“本一”录取分数线，被“北京外国语大学”录取，入该校俄语学院俄语专业学习，四年制本科。

马云胜之女马兆玲，以 348 分的高考成绩，进“本一”录取分数线，被“南京财经大学”录取，入该校财政与税务学院财政学专业学习，四年制本科。

2018 年暑期，村里又接喜讯：陈韶东之子陈若愚考取南京理工大学（“211”大学）硕士研究生。

几位学子得中名牌大学，令家人欣喜，令村人羡慕，也激励了村里更多的孩子们，要发奋读书，好学上进。

村西头合塘水码头

合作医疗事业

新中国成立前，徐塍地区贫穷落后，缺医少药，许多重病患者难以得到及时有效的治疗。新中国成立后，党和政府十分重视农村医疗卫生工作，以“动员起来，讲究卫生，减少疾病，提高健康水平”为指导思想，不断推动农村卫生事业发展。1969年，党在农村推行合作医疗制度。当时的生产大队也开始选拔培养“赤脚医生”和卫生员，聂英、李康才、杨德祥、冯锦兰先后被培养成“赤脚医生”。聂英、杨德祥先后担任医疗站站长。各个生产队也都配备了不脱产的卫生员，徐塍8个生产队的卫生员先后有聂英、朱德珍、徐丽珍、徐桂芳、祁锦秀、褚春香、陈怀珍、孙美华、潘小红、邹桂兰等。卫生防疫、田间地头临时救护等，就由这些卫生员承担了。

这支农村医疗卫生队伍活跃在这块土地上，为农民兄弟姐妹送医送药，救死扶伤，认真落实着毛主席的“6·26指示”：“要把医疗卫生工作的重点放到农村去。”聂英同志学了妇产科技术，作为助产士，在全大队迎接了许多新的小生命的诞生。杨德祥、李康才等同志也不分白天黑夜，不论雨雪风霜，送医送药上门，为许多父老乡亲解除了病痛。还有从公社医院下来长期驻守在大队医疗站的戴宏图、周秋兰两位医生，治病救人，饱尝艰辛，他们的付出给当地人留下了难忘的记忆。

从前，徐塍地区血吸虫病长期肆虐，许多人患上了“大肚子病”。为了彻底驱逐这个“瘟神”，当地政府在70年代开展了大规模的“血防”工作，连续多年实行群防群治，查灭钉螺，全大队三百余名吸血虫病患者得到了救治。

在医疗实践中，大队医疗站依托当地中草药资源丰富的优势，积极探索使用中草药防病治病。徐塍村刘传富是个老药农，个子很高，常年在青龙山里采药，有丰富的中药材乡土知识。他积极参与医疗站研制中草药制剂的活动，为推广中草药应用作出了一定贡献。

由于本大队的合作医疗事业成绩突出，多次受到上级的表彰。1980年，时任全国妇联主席的李先念夫人林佳楣专门视察了该医疗站，给当地人极大的鼓舞。

1982年农村实行联产承包责任制后，合作医疗生存困难。1984年全省实行乡村医生考核上岗，领取“证书”。1993年起，全国恢复农村合作医疗保健保险制度，也称“新合疗”。现在，徐墟村民享受着新的医疗保险，大病、重病也能及时得到救助了。

赤脚医生聂英、李康才、冯锦兰、药农刘传富

防治血吸虫病

徐墖地区曾经是个血吸虫病肆虐的地区。黄龙埝一带的条条山涧及以下的水库塘坝，滋生着许多钉螺，血吸虫就寄生在这钉螺里。它的幼虫“尾蚴”游动在水里，钻入人的皮肤，进入人的体内，人就得了“大肚子病”，肝脏损害，肝腹水，人变得黄皮寡瘦，失去劳动能力，严重后就会死亡。徐墖人多少年深受其害，苦不堪言。徐墖村的陈金财、褚自发、潘秋云、苏可圣、方青、孙祯亮、徐从规等许多人都曾受过血吸虫感染。

1970 年前后，党和政府在徐墖地区组织开展了大规模的血吸虫防治工作，投入了大量财力和人力，防治结合，发动了一场“人民战争”。生产大队一方面组织劳力在所有山涧、水库、塘坝杀灭钉螺，水边的杂草、草皮都铲除干净，并喷洒药水。另一方面则对广大村民进行血吸虫病普查，采集村民的大便，集中进行化验检验。检验采用土法上马，硬靠人用肉眼观察的方法，来检测血吸虫卵和幼虫。当时，大队副书记刘长华牵头总负责，从全大队抽调聂义美、孙美华、魏巧生、朱德珍、徐慧珠、潘小红、云守根、王明四、冯小英、贾顺珍等卫生员，与大队的赤脚医生一起，在上级专业卫生防疫人员的指导下，在大队的“血防站”里苦战了几十个日日夜夜，前后历时两三年，检查出了累计 300 多血吸虫病人，这些人都分批被集中在上堰的一座部队的营房里进行治疗，很快得到了救治。从此，徐墖人乃至全大队人彻底摆脱了“瘟神”，摆脱了“千村霹雳人遗矢，万户萧疏鬼唱歌”的噩梦。

上世纪 80 年代至本世纪初，党和政府又多次组织复查钉螺的行动，对黄龙埝水库整个水域的钉螺反复进行杀灭。

附：《淳化街道志》（2011 年出版）载：

1. 淳化镇血吸虫病疫区属山丘型，新中国成立前至少有四十年以上的流行史。山丘型流行区无症状病人居多，其中青壮年受害最重，患病率最高。青山行政村是血吸虫病疫区，村民的感染率达 8.02%。患病人数达 300 人。至 2005 年，血吸虫病情得到有效控制，病患者只有十五人，几近灭迹。

2. 淳化血吸虫病流行区的钉螺大多为“光壳钉螺”，其分布依山谷、循水系。查螺灭螺，是消灭血吸虫病的主要措施。

1969 年开始，这里进入全面防治阶段，每年春天都进行大规模的查螺灭螺、查病治病。经查，青山有螺面积为 21780 平方米，查病人数 1600 余人。政府组织发动驻军战士、中小学生、卫生院血防人员进行扑灭，经过连续几年的努力，钉螺面积和血吸虫病得到有效控制。

防治血吸虫病查病小组

徐壒村近年来环境整治工程一览

近年来，党和政府大力推进社会主义新农村建设，努力打造美丽乡村。青山社区的领导班子重视徐壒村的环境整治和生态保护，依靠和发动广大村民群众，为留住“绿水青山”、保住“碧水蓝天”作出了不懈努力。

村东路拓宽施工现场

5年来，徐壒村环境整治工程的主要项目如下	
1	徐壒南路建设工作，1.3公里投入了220万（2013年）
2	徐壒6队休闲广场建设工作（2015年）
3	八亩二河塘清淤及塘埂护坡路面扩宽工作（2014年）
4	老加工厂至刘长华家沿线猪圈、茅坑等拆除，整治脏乱差环境及铺设水泥路面扩宽工作（2015年）
5	合塘塘埂护坡（2016年）
6	徐壒西路扩宽及停车场建设工作（2016年）
7	徐壒老小学拆除翻建及水泥硬质化路面建设工作（加工厂）（2016年）
8	徐壒东路扩宽工程（正在建设中）（2018年）
9	杨梅山及二队水库以东田地征收工作（2017年）

七

古今人物

GU JIN REN WU

XU AI OF ANCIENT VILLAGE 古村徐塏

革命烈士徐文翔

徐文翔，（又名徐文祥、徐云）男，（1916—1943），江宁淳化徐塆村人（福奶奶的小儿子），中共党员，1937 年投笔从戎，在溧水参加新四军。曾任新四军教导总队文化教员、营级指导员，后又从新四军安徽泾县章家渡“抗大”毕业，在新四军军部工作。1941 年皖南事变中被国民党逮捕，关押在上饶集中营，1943 年被杀害。他投身革命时，其女儿才 2 岁。新中国成立后，党和政府追认其为烈士。徐文翔在投身革命时曾对他母亲说：“先有国，后有家，誓死不当亡国奴！儿要去卫国保家了。”其女儿徐传英(现年 83 岁)现住北京市，从北京原航天工业部某厂的幼儿园退休。

附：徐文翔之女徐传英采访记

2018 年 5 月 1 日下午，几十年未回乡省亲的徐传英，在她儿子的陪同下，回到了故乡徐塆村。笔者抓住机会采访了她。

一见面，彼此都努力把记忆中近 60 年前的形象与眼前的形象相与比对，不由得感叹岁月的无情。徐传英虽已白发苍苍，但精神矍铄。她高挑的个子，清瘦的身材，目光炯炯，动作敏捷，不像是年已 83 岁的老人 。她比我哥哥小两岁，比我大姐大三岁，他们小的时候很要好。据说，她在秣陵中学读书时就是一个田径运动爱好者，曾获得过全县短跑比赛的冠军。后来，她与同是徐塆人的孙祯民结了婚，两人先在上海，后到了北京。夫妇俩一直在丰台的国家航天工业部所属的一个工厂工作。她一直当幼儿园教师。

眼前的她先是问了些有关我哥哥、姐姐、我母亲的情况，也简单地说了些自己的情况。然后，我就陪同她及她 62 岁的儿子孙祥平，到了徐塆村史馆参观。看了那些记载了徐塆村历史的一块块展板，徐塆的历史沿革、姓氏宗族、风俗民情、凡人善举和故人轶事，勾起了她的种种思绪。在记述她父亲事迹的展板前，她眼里噙着泪花，心情激动，与她儿子一起，肃立良久。

后来，我们一起到了我的家里坐下，很快进入了正题，谈她父亲徐文翔的事。她告诉我，她的父亲徐文翔，曾名徐文祥、徐云，在她仅两岁时就离家投身了革命，再没有回来，直至牺牲在上饶集中营。她母亲在苦等了十多年，得知丈夫死讯后，迫于生活，才改嫁给本村的徐在寿。徐传英就一直跟着奶奶过，但对母亲感情很深，对母亲改嫁后所生的两个妹妹很好，一直关系亲密。她曾把母亲接到北京长住，也一直对两个妹妹在经济上给予接济。

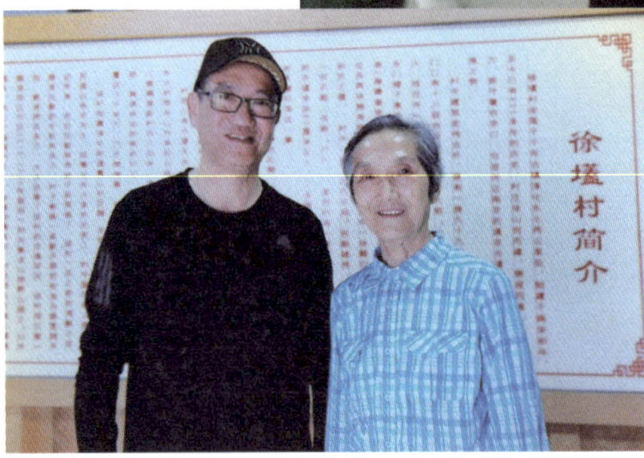

徐传英与儿子在村史馆

对于她父亲参加革命后的一些情况，她是后来才知道的。新中国成立后，党和政府追认徐文翔为烈士，把烈属证书送到她家里，她和家人才知道了她父亲在新四军任职、牺牲等情况。她认为，父亲的牺牲虽然给家庭带来了巨大的悲痛，但为国家、为民族作出奉献，是值得的。她为有这样的父亲而骄傲。新中国成立后，党和政府一直很关怀她母亲和她自己，她很感激。她说，她和孙祯民结婚后的工作和生活一直都很好。现在也是儿孙绕膝，安享晚年了。

徐传英这次回乡探亲住了半个来月。在此期间，我与她接触交谈了三次，感觉她谈吐文雅，气质、修养很好，是一位令人尊敬的大姐。她说，这次回来看到家乡发展变化很大，乡亲们生活富足，她很欣慰。她感谢当地政府，也衷心祝愿家乡越来越美好！

革命烈士许正亮

许正亮，江宁淳化徐壋人，许正兴的二弟。参加新四军，在战斗中牺牲。新中国成立后，党和政府追认其为烈士。

作者与杨国江、黄久和、吴华强、张元祥在茅山新四军纪念碑前

徐塋当代人物谱

陈立祥　男，1929年出生，徐塋人，中共党员，参加过志愿军赴朝作战，曾任南京市青龙山林场党委书记，南京市“奶类项目发展办公室”副主任（正处级）。

潘朝友　男，1930年出生，徐塋人，中共党员，曾任青山高级农业合作社副社长、南京市青龙山林场山涧分场场长（主任）、云居寺分场场长（主任）。

徐友珍　女，1933年出生，徐塋人，中共党员，曾任青山乡副乡长，青山高级农业合作社副社长。

骆有富　男，1933年出生，徐塋人，中共党员，曾任淳化公社采石场党支部书记、场长。曾荣获“南京市劳动模范”称号。

吕业新　男，1934年出生，徐塋人,中共党员，高级政工师、经济师。曾任南京市商业局处长、南京市禽蛋公司党委书记、南京市百货公司党委书记、南京市商业联合会秘书长。

朱世发　男，1934年出生,徐塋人,中共党员，曾任南京市青龙山林场汽车队党支部书记。

吕先祥（吕杰）　男，1935年出生，中共党员，徐塋人,北京体育学院毕业，曾任郑州市体育运动委员会副主任。

笪友仲　男,1936年出生，徐塋人,中共党员，曾任马鞍山市中国十七冶金建设公司某工程队党支部书记。

徐存骧　男，1939年出生，徐塋人，中共党员，高级工程师。南京无线电工业学校、成都无线电工业学校毕业,曾任中国航天部险峰机器厂总工程师、党委书记、厂长。

吕业芳　女，1939年出生，徐塋人，药剂师。曾先后在江宁县土桥医院、中国航天部险峰机器厂职工医院工作。

徐在桢　男,1940年出生，徐塋人，中共党员，副主任医师。毕业于镇江医学专科学校，大专学历。曾任江宁土桥医院业务院长，淳化医院院长、党支部书记。

吕业蕙　女，1941年出生，徐壋人，中共党员，会计师。1964年毕业于南京财经专科学校（南京财贸学院），大专学历。曾任南京市五矿化机进出口公司财务科科长、副总会计师。

徐系泰　男，1941年出生，徐壋人，中共党员。曾任淳化公社水泥厂副厂长。

刘长华　男,1942年出生，徐壋人，中共党员。曾任青山大队党支部书记,淳化压铸厂厂长、党支部书记,淳化塑料十五厂党支部书记。

朱德忠　男，1942年出生，徐壋人，中共党员，高级政工师。曾就读于常州工业专科学校，江苏省劳动大学毕业，大专学历。曾任江宁县青龙山水泥厂党政办公室主任,科室党支部书记。

徐从立　男，1943年出生，徐壋人,中共党员，曾任青山大队党支部书记。

陈梅生　男，1943年出生，徐壋人，中共党员，曾任青山大队主办会计，党支部委员。

曹红英　女，1944年出生，徐壋吕业新之妻，中共党员，经济师。曾任南京市雨花台供销社副主任，南京市五金公司零管科科长，南京市贸易中心党支部书记。

徐桂芳　女，1946年出生，徐壋人，中共党员。曾任青山大队妇女主任、党支部委员。

徐存毓　女，1946年出生,徐壋人,中共党员，1965年考入南京中医学院中药系,1969年毕业,本科学历，主任中药师(正高职称)。镇江市第三人民医院工作。

吕业民　男，1949年出生，徐壋人，中共党员，高级政工师。南京师范大学政教系毕业，本科学历，世界政治经济与国际关系专业研究生班结业。曾当过中学教师、煤矿井下掘进工、小学校长，曾任南京市商业储运公司团委书记、副总经理、党委书记，南京市金桥实业总公司党委书记兼副总经理，南京市果品食杂总公司党委书记，南京市果品食品集团公司党委书记，南京市供销合作总社机关专职副书记（正处），兼组织人事处处长、监察室主任。

陈梅兰 女,1949年出生，徐壋人，中共党员，一级教师。曾任淳化中学党支部副书记。

张国祥 男，1951年出生，徐壋人，中共党员，国家级特级厨师。毕业于扬州大学烹饪专业、大专学历。曾任南京大学学生食堂经理、外国留学生食堂经理。

苏银章 男，1951年出生，徐壋人，中共党员。曾任青山行政村主任、党支部书记，淳化镇党政办公室主任。

朱德荣 男，1954年出生，徐壋人，中共党员。曾荣获“江苏省劳动模范”荣誉称号。

邹梅英 女，1956年出生，徐壋人，一级教师。淳化中心小学教师。

朱德明 男，1957年出生，徐壋人，中共党员。南京市青龙山林场东风茶场党支部书记，七里岗社区党支部书记。

徐　步 男，1959年出生，徐壋人，中共党员，曾任青山社区主办会计，党支部委员。

吕业萍 女，1959年出生，徐壋人，中共党员，一级教师，江苏省教育学院函授大专学历。江宁区东山上元小学教师。

傅秋美 女，1962年出生，徐壋人，中共党员，曾任青山社区妇女主任、党支部副书记。

苏振和 男，1963年出生，徐壋人，高级教师。南京师范专科学校毕业（大专），江苏教育学院函授本科学历。江宁区淳化中学教师，南京江宁高等职业技术学校教师。

张国林 男，1963年出生，徐壋人，中共党员，一级警督。江苏连云港财经学校毕业（大专），江苏电大本科学历。江宁区交警大队主任科员。

徐红霞 女，1963年出生，徐壋人，一级教师。南京师范专科学校毕业，大专学历。江宁区秦淮中学教师。

陈长龙 男，1963年出生，徐壋人，中共党员，中国人民保险公司南京分公司车商部副经理。

陈长虎 男，1966年出生，徐壋人，中共党员，1979年对越自卫反击战中荣立二等功一次。

徐存杰 男，1966年出生，徐墟人，中共党员，高级教师。江苏教育学院函授本科学历。曾任淳化中心小学校长、党支部书记，现任天景山小学校长、党支部书记。

陈韶东 男，1967年出生，徐墟人，中共党员，高级教师。苏州大学中文系毕业，本科学历，学士学位。南京江宁高等职业技术学校教研科科长，市教育局系统“学科带头人”。

徐 进 男，1969年出生，徐墟人(徐在桂之子),中共党员，主治医师。大学本科学历。江宁区第二人民医院“社会精神病科”科长。

圣祝平 女，1969年出生，徐在桂之子徐进的妻子，中共党员，副主任护师（副高职称）。大学本科学历，江宁区第二人民医院“院感科”科长。

徐 进 男，1972年出生，徐墟人（徐存骧之子），中共党员，清华大学博士,中国社会科学院研究员、国际政治理论研究室主任、世界经济与政治系研究生导师。

苏 震 男，1975年出生，徐墟人，中共党员，大专学历，曾任淳化街道党政办公室副主任。现任淳化街道合作医疗办公室主任。

徐国俊 男，1981年出生，徐墟人，一级教师，江宁区岔路口中学教师。

马 操 男，1987年出生，徐墟人，2011年毕业于南京大学新闻系，本科学历。《江苏教育报》记者。

中国社会科学院研究员徐进

徐进

徐进，世界经济与政治系硕士生导师，1972 年 11 月 3 日出生于江苏省南京市。2008 年毕业于清华大学，获国际关系学博士学位。第七届“胡绳青年学术奖”获得者。现任世界经济与政治研究所研究员，国际政治理论研究室主任。国际政治学专业，研究方向为国际关系理论和国家安全研究。现为社科院世经政所创新工程项目“中国参与全球治理的战略环境与战略选择”执行研究员。海国图志研究院高级研究员。

主要论著：《暴力的限度，战争法的国际政治分析》，2012；《王霸天下思想的启迪》，2009 年，副主编；《中国先秦国家间政治思想选读》，2008 年，副主编；《战争与国家形成——春秋战国与近代早期欧洲之比较》，译著，2009 年版；《在韬晦与有为之间：中国在保障国际安全中的作用》，2013 年；《2004 年以来中国学者关于全球治理的研究》，2013 年；《以色列公共外交失败的原因与教训》，2012 年；《春秋时期尊王攘夷战略的效用分析》，2012 年；《东亚多边安全合作机制：问题与构想》，2011；《孟子的国家间政治思想及启示》，2009 年；《金融危机难以颠覆一超多强格局》，2009 年；《国际社会的发育和国际社会核心价值观的确立》，2008 年；《19 世纪欧洲强国的军队模式改革与公民军队的建立》，2008 年；《战争法规范的演化逻辑》，2008 年；《中美软实力比较》，2008 年；《印度外交转向及对中印关系的影响》，2007 年；《国家何以建构国际规范——一项研究议程》，2007 年；《试析印度核指挥与控制体系中的“文官治军”原则》，2007 年；《两种逻辑与双重博弈》，2006 年；《军事技术变化与军事战略转型》，2005 年。

研究领域

国际安全；先秦国家间政治思想；战争法。

学历

2002 — 2006，清华大学国际关系学系，获法学博士学位。

1997 — 2000，国际关系学院研究生部，获法学硕士学位。

1990 — 1994，哈尔滨工业大学外语系，获文学学士学位。

工作经历

2000 — 2008，中国人民解放军总参谋部某部。

2009 年起，中国社会科学院世界经济与政治研究所。

徐存骧（徐进之父）

徐进在圣彼得堡

自主创业的徐昇亮

徐昇亮

徐墙村有个年轻人叫徐昇亮，出身贫寒，但从小受到良好家教的熏陶，不甘贫穷，有志气，勤勉务实。高中毕业后，二十岁刚出头就外出学习闯荡，学到了先进技术，回到家乡自主创业。他先从简单的机械加工搞起，逐步探索生产经营之道，筚路蓝缕，饱尝艰辛，用滚雪球的方法，逐步创办起一初具规模的机械加工企业——南京驰诚汽车配件有限公司。

公司位于104国道旁，占地2万平方米，建筑面积1.3万平方米。主要以生产冲压件、焊接件为主。固定资产规模数千万元，年销售额3000余万元，并带动本地方就业，取得了一定成就。

公司现有员工65人，技术人员10人，管理人员8人。公司可根据客户提供的图纸，自主分析，工装自制，并根据产品设计检具、夹具等。

公司现有315~500吨大型压力机5台，160吨以下压力机20余台，自动弯管机、自动弯丝机、剪板机共9台，二氧化碳保护焊机、电焊机、氩弧焊机等20余台。表面处理有自动抛光线、自动喷塑线。工装制造设备有CNC（MAKINO）3台，线切割（DK7740）2台及三坐标测量仪等。该公司已通过IS16949质量管理体系认证。

徐昇亮致富不忘乡亲，发达不忘故土，几年来热心青山社区公益事业，积极参与社区道路建设、公益设施建设等，受到社区领导及村民的称赞。为全村年轻人树立了表率。

徐墖村自主创业青年群谱

2018 年 8 月

姓名	性别	出生年月	所创企业名称	资产规模（万）	人数	备注
徐昇亮	男	1972	南京驰诚汽车配件有限公司	1000	65	
陶存根	男	1962	南京存根锻造有限公司	600	13	
祁民生	男	1959.11	南京市江宁区怀银五金加工厂	200	7	
邹叶华	男	1968.1	南京市江宁区东山街道土山路 145 号	200	10	
徐祥生	男	1971.12	东山“祥云五金商店”	年销售额 500	6	
姜金明	男	1969.12	南京江明机电设备配件厂	年销售额 800	17	
苏建东	男	1969.5	南京市江宁区建瑞机械加工厂	100	6	
郜　俊	男	1976.3	江宁建材市场油漆店	15	1	
张子江	男	1981.1	淳化“惜缘楼”酒店“小香居”酒楼	营业面积 1200 平	6	
李维东	男	1976.4	东山油漆店		2	
孙传江	男	1970.4	南京双宝土方工程队	100	12	
聂礼泉	男	1966.1	药店零售	500	100	
孙传兴	男	1969.9	建兴工程队	150	20	

新中国成立后徐壋村参军入伍人员名单

姓名	性别	出生年月	政治面貌	服役时间	所服役部队	备注
陈立祥	男	1929.6	党员	1950.12–1954.12	中国人民志愿军陆军	
方　青	男	1929.7		1951.2–1954.12	中国人民志愿军炮兵	三等功
徐在文	男	1930.11	党员	1951.2–1954.12	中国人民志愿军铁道工程兵	三等功
耿广辉	男	1925.3		1951.2–1954.12	中国人民志愿军	
红　伢	男	1935.5		1951.2–1954.12	中国人民志愿军	
孙祯刚	男	1941.1		1961.8–1969.7	上海警备区高桥高炮团卫生队	
李德文	男	1945.5	党员	1965.9–1969.3	27军81师师部通信兵（镇江）	
徐从家	男	1951.1	党员	1970.1–1974.1	兰州军区218团	
张国祥	男	1951.12	党员	1971.1–1975.3	炮兵67师608团（山西太原）	
李先德	男	1953.3	党员	1975.1–1981.1	南京军区防化团	
聂　志	男	1953.7	党员	1974.1–1979.2	南京军区舟嵊要塞区	
王代顺	男	1954.4	党员	1972.11–1984.6	河北省军区独立师 2团志愿兵（二级）	
徐树友	男	1957.8		1976.11–1981.11	海军东海舰队7366部队	
孙祯年	男	1949.1	党员	1971.1–1975.3	炮兵67师608团（山西太原）	
陶兴顺	男	1958.9	党员	1978.3–1985.1	空军19师56团机务二中队（武汉）	
徐明祥	男	1964.5		1982.10–1986.10	空军10军15师通信兵（北京）	
徐存亮	男	1962.9	党员	1980.10–1983.10	陕西汉中军分区	
陈长龙	男	1963.6	党员	1980.11–1994.4	23军69师、江苏省军区，志愿兵	三等功
陈长虎	男	1965.12	党员	1983.10–1986.10	67军（上过老山前线），三等伤残	二等功
郜　俊	男	1976.3	党员	1993.12–2005.11	海军北海舰队通信总站	士官
吕　震	男	1976.8	党员	1994.12–1998.12	空军第十三飞行学院 空军10师导航连	
徐祥生	男	1971.12		1990.3–1993.12	空军航空兵39师（齐齐哈尔）地勤	
徐　超	男	1987.3	党员	2005.1–2007.11	陆军54军127师	
徐　尉	男	1991.8		2010.11–2012.11	武警青海省一支队（西宁）	
许卫祥	男	1991.9		2010.11–2012.11	武警青海省四支队（格尔木）	
郭传军	男	1962.4	党员	1980.11–1984.11	23军69师炮兵（火箭军）班长	
许昌虎	男	1998.4		2016.9–	武警四川省自贡市支队	
徐存伟	男	1983.9	党员	2003.12–2009.12	新中国成立军61255部队	
陶　帅	男	1991.4	党员	2011.12–	武警福建总队 成都武警指挥学院毕业	尉官

故儒吕源

吕源，徐墖村吕姓先人，据传于清代“乾嘉”年间在朝为官，进士及第，官居翰林。其妻孙氏事亲至孝，皇帝下旨旌表，于徐墖村中立“孝节牌坊”，上书“旌表故儒吕源妻孙氏之德”。（见本书“古迹遗址·古牌坊”篇）

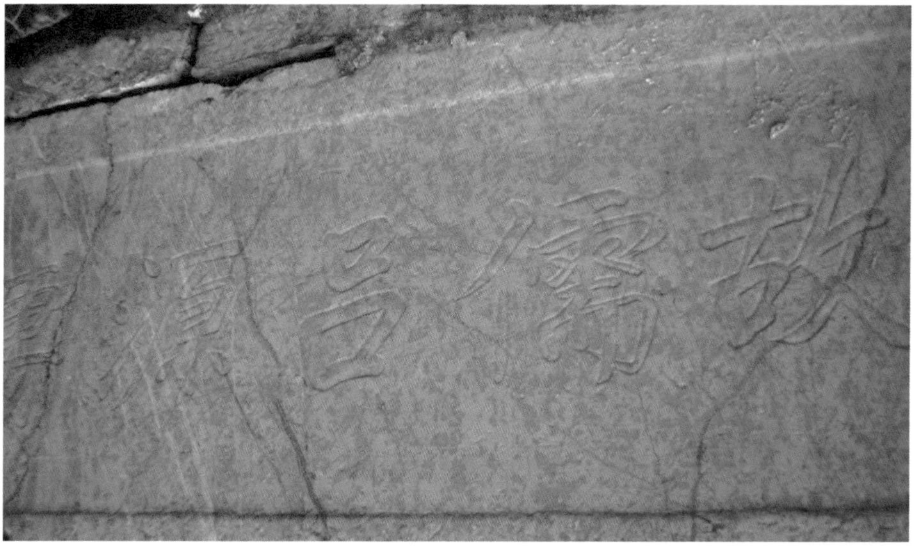

吕源牌坊石刻匾额文字

贞洁贤女吕姑娘

吕姑娘，徐墖村吕姓先人，其名无考。相传于明代时，其家境虽好，却因故终生未嫁，遵循礼教，保全名节，对父母尽孝，对子侄尽心，美誉远传，皇帝降旨表彰，于徐墖村中立“贞洁牌坊”。（见本书“古迹遗址·古牌坊”）

作者陪时年 88 岁母亲出游

新中国成立前的几个历史人物

上世纪 40 年代，徐塕村曾有几位在当地有影响的人物：

徐瑞兰 时任淳化镇长。他一方面为敌伪办事，另一方面又暗中与我党地下武装保持联系，为新四军提供情报。新中国成立后“镇反”时，徐瑞兰担心被地方政府镇压，通过一定关系跑到香港，然后到了台湾。改革开放以后，又与在徐塕村的亲人取得了联系。

徐义芳（字伯年）时任上坊镇长，江宁县参议员。其弟徐文翔投笔从戎参加了新四军，在皖南事变中被捕，被杀害于上饶集中营。新中国成立后被追认为烈士。

徐行 徐塕村人．曾参加国民党青年军，当过连长、武术教官，参加过江西“剿共”。跟随蒋经国在赣南一带活动。后又带其子徐存文到青年军中当电报员。抗战胜利后，父子俩均退伍回到徐塕。徐行担任村里的保长。他曾把村里的青壮年组织起来，经常操练，教年轻人打拳、习武，夜晚还结队在村里巡逻，有时还到“里头山”巡山。新中国成立后，徐行曾在上海工作生活了近二十年，晚年回村养老，终老于家乡。

村中街巷

八

抗战故事

KANG ZHAN GU SHI

XU AI OF ANCIENT VILLAGE 古村徐壒

淳化阻击战

1937 年底，持续了三个月的淞沪会战使侵华日军遭受重挫。中国守军向南京方向撤退，并迅速构筑了南京的外围和复廓两道阵地：沿大胜关、牛首山、方山、淳化镇、青龙山、栖霞山、至乌龙山要塞一线，为外围阵地；以南京城垣为内廓，环城以雨花台、孝陵卫、紫金山、至幕府山要塞炮台之线为外廓，以上构成复廓阵地。在城内的北极阁、清凉山等高地，则筑成坚固的核心据点。蒋介石任命一级上将唐生智为南京卫戍司令，调集 15 个师约 10 万余人，统归唐生智指挥，并下达了“死守南京”的命令。

12 月 1 日，日本大本营下达了进攻南京的命令。次日，朝香宫鸠彦亲王继任上海派遣军司令官。他以 4 个师团攻南京东郊；以太谷支队攻长江要塞，以切断江北大运河和津浦铁路；以 2 个师团攻南京南郊；以冈崎支队从太平渡江攻浦口，以切断中国军队的退路。

12 月 5 日，日军已到达南京外围阵地附近。当时，在淳化镇一线阻击日军的是俞济时 74 军所部 51 师 305 团，团长张灵甫，34 岁，刚从淞沪战场血战而来，依托淳化一线的钢骨水泥碉堡工事，枕戈待旦，严阵以待。7 日拂晓，日军第 16 师团开始猛攻淳化。张灵甫率军奋力死战，徐墖村边上的 6、7 座碉堡前面枪林弹雨，血肉横飞，日军成片倒下，尸横遍野。因敌人装备精良，火力强大，我军伤亡惨重，一座座碉堡上都留下了累累弹痕。

到了 8 日上午，日军分别向东焦村、上庄附近包抄，企图断我守军后路。51 师王耀武师长指挥部队殊死抵抗。305 团张灵甫身先士卒，奋勇杀敌，腿不幸被敌人弹片打断，305 团第 5 营的官兵也几乎伤亡殆尽。张灵甫被卫兵背下阵地，撤退到了板桥。8 日午后，淳化镇失守。南京城防告急。

淳化阻击战坚持了两天一夜，给了日寇以沉重打击，显示了中国军民的不屈意志和牺牲精神。它已经以其慷慨悲壮的一页载入了中华民族的史册！直至今天，徐墖村边的那几座弹痕累累的碉堡，还在默默地向人们讲述着当年血雨腥风的故事。

历史不容忘记！

中华民族是永远也打不垮的！

徐墖村边抗日碉堡

附：张灵甫简介

抗日名将张灵甫

张灵甫，1903 年生，陕西长安人，字钟麟，抗日名将，国民党高级将领。抗日战争中，跟随王耀武南征北战，血战日寇。1937 年赴上海参加淞沪会战。12 月率 305 团在淳化镇阻击日军，掩护 51 师退入南京。战斗中腿部中弹受伤。1938 年 5 月率 305 团参加兰封会战之三义寨攻坚战。1938 年 10 月，万家岭大战，张灵甫奉命对驻守德安张古山的日寇进行反击，几乎全歼日军 106 师团。1940 年冬出任 74 军 58 师副师长。1941 年 10 月接任 58 师师长。1942 年浙赣会战中，率 58 师在衢州与日军血战三天，击毙日军 86 联队第三大队队长岛田仁次郎。1943 年参加鄂西会战，收复公安县城。之后又参加了常德会战、第四次长沙会战、雪峰山战役等，均有英勇表现，被视为“常胜将军”。后升任 74 军军长，后改编为整编第 74 师师长，陆军中将。1947 年孟良崮战役中阵亡。

日寇枪杀徐系澜等二人

徐墖村边抗日碉堡

1937年12月7日晨，日寇侵占徐墖，对淳化防线发起进攻。徐墖村的大部分村民都“跑反”，逃往龙都圩区。只有少数胆大的人隐蔽在村子附近的“地窨子”（地窖）里，看守家园。村东的徐系澜（外号“四抹子”）躲在“吕家山”东面一个“地窨子”中。鬼子进村后，放火烧了徐系澜、吕义兴、吕义和等几家的房子。徐系澜忍不住跑出来，悄悄在“吕家山”山顶上向村里张望，想察看村里的情况，被在村东门口放哨的鬼子发现了。鬼子端起枪瞄准，只一枪就把“四抹子”打死了。过了几天，待鬼子走后，村上的人才把“四抹子”就地掩埋。当时只是用一张芦席、挖一个土坑就完事了。

事隔没几天，驻扎淳化的一队鬼子来到徐墖，村里徐家炳的老婆在家里吓得不知所措，拿起一块围腰把头包上就往外跑，刚跑出门不远，就被鬼子发现，被一枪打死，丢下了丈夫和一个才两岁的女儿。

日寇屠杀平民的暴行令人发指，这两笔“血仇”，徐墖人是不会忘记的！

徐宗根与鬼子巧周旋

1937年12月5日，日寇进犯到淳化镇附近，发起了对南京外围的进攻，淳化血战开始了。事前，徐壏村的百姓都拖儿带女往龙都圩区逃难，当时此举称作“跑反”。整个村子都跑空了，但有少数几个胆大不怕死的人悄悄留了下来，躲在隐蔽处，以看守家园。村东28岁的徐宗根（祖开）就是其中之一。他在村子北面约200米的“绿豆山”挖了个“地窨子”作为藏身之处，以便观察村子里的动静。

当时日本鬼子已经进了徐壏村，正到处搜寻“花姑娘”。而徐宗根恰好这时正溜回村子，欲回家拿点东西，一下被一个鬼子抓住。这鬼子逼徐宗根带路找“花姑娘”。徐宗根装作很害怕的样子，同时脑子里在想着法子逃脱。他带着这鬼子在村上转，仗着对地形熟悉，把鬼子领到了富户吕义路家的大宅子“麻园”里。这麻园是深宅大院，前后好几进房子，里面七拐八弯，像似迷宫。徐宗根在前面走，鬼子跟在后面。徐宗根在拐了几个弯后加快了脚步，与鬼子拉开了距离。突然，徐宗根猛一拐弯，飞步几窜，绕过几个巷子和天井，从大宅子后门逃了出去。又七窜八窜，很快逃到了那个地窨子里，总算保住了性命，逃过了一劫。

后来，徐宗根时常把这段经历说给子孙们和村上的人听。要人们不要忘记日本鬼子的罪恶。

注：徐宗根，即严祖开。他是被“招女婿”到了徐壏村，与徐姓表妹结婚，改姓徐。夫妇俩育有三子二女，分别是徐梅珍、徐从立、徐从照、徐从家、徐梅香。

侵华日军杀马文和

1939年正月十三的傍晚，戴马墅的马文和（马文志的哥哥、马文富的堂哥）正在家里做元宵。徐墖村徐从永家的一个叫“德狗”的伙计来叫他，拉他一道去偷点日本人的东西。当晚，两人去偷东西时，马文和被鬼子抓住，被捆在柱子上毒打，还被从头浇下一桶冷水。大冷的天，遍体鳞伤再加上浑身冷水，人已奄奄一息了。第二天，鬼子又把马文和拖到淳化街上，当众用棍子活活打死了他。

徐墖村边抗日碉堡

日寇制造“许塘惨案”

1937年12月，淳化地区陷于日寇统治之下，但是，共产党领导的抗日地下武装活动非常活跃。当时我党区委书记徐步云（人称“徐矮子”）带领新四军战士，在青龙山一带打鬼子、除汉奸，很有名气，很受老百姓拥护。

1938年5月19日，许塘村的戴德成过30岁生日，在家大办酒席，请了当地“洪帮”以孙正环为首的不少帮会兄弟，其中有几个与新四军地方武装组织关系较密切的人。席间，有人掏出手榴弹放在酒席桌上显摆。驻淳化镇的日寇得到密报，当晚出动鬼子连同伪军200多人包围了戴德成家，当场1人被打死，37人被抓走。杨家庄的包孔杨跳到一个“壁茅厕”的粪坑里躲藏才得以逃脱，还有一人躲在一个烟囱后面才保得一命。

这37人中的孙正环等4人被抓到了东山镇，其余33人关在淳化镇。关在淳化的其中一个叫“同和”的人，被徐塘村陈松华设法救出。其余戴德成、关应富等32人全部在淳化小学后的山坡上被活埋了。活埋时，鬼子先让这32人自己挖好坑，逼着许多老百姓围观，场景非常惨烈。那被抓到东山镇的孙正环、梁祖全等4人，也被杀了，只送回4颗人头到淳化，尸体都没找回。

注： 1. 此篇根据《江宁县志》、《淳化街道志》的有关记载，以及青龙乡老抗日游击队员、离休干部王华芝的回忆录而撰写。

2.关应富，徐塘村现年80岁的关长林的父亲。

3.孙正环，孙家边村人，当地“洪帮”帮会的头目（大哥）。

4.梁祖全，小倪家边人，徐塘村吕守祥的姨父。

徐矮子骗鬼子

共产党区委书记徐步云，因个子矮小，被人们称为“徐矮子”。他坚毅勇敢，足智多谋，老百姓爱他，小鬼子怕他。敌人千方百计想抓住他。

一天，一队日本鬼子到了徐墖村，恰好徐矮子也正在徐墖，他被鬼子堵在了朱大爷家。这时，天正下着细雨，徐矮子急中生智，他穿上蓑衣，戴上斗笠，牵上一头牯牛，骑上牛背，看上去就像个小孩出门去放牛。朱大爷还喊了一句：“小伢，好好放牛啊，不要躲懒！”日本鬼子竟然没有察觉，让大名鼎鼎的徐矮子从眼皮底下给溜走了。

徐矮子骗鬼子的故事，在青龙山地区广为流传。

徐墖的乡村小景

徐矮子与云居寺

徐矮子在抗战时期经常到云居寺来，这里成了新四军一个地下秘密活动据点。当时云居寺的住持是明远和尚，他与新四军关系很好。

那段时期，徐矮子经常到云居寺庙里来洗澡。一次，他正在澡堂里洗澡，突然有一小队日本鬼子正往寺庙走来。庙里一个十四五岁的小放牛“牛肚子”发现后，立刻跑来告诉：“徐先生，鬼子来了，已出徐墖村了！你快跑！”徐矮子穿上衣服，拿起东西就走。“牛肚子”说：“跟我走后门。”于是，徐矮子就从杨家庄方向逃脱了。

注： 徐步云，外号“徐矮子”，抗日战争时任我共产党“江溧句中心县委”青龙区区委书记、青龙山地区抗日游击组织的主要负责人。新中国成立后任上海市闸北区公安局局长。

曹红英、吕业蕙、潘小红、吕业萍在家乡留影

九

凡人善举

FAN REN SHAN JU

XU AI OF ANCIENT VILLAGE 古村徐塭

邻里情深

新中国成立初期，徐墻村有一对四十多岁的夫妇，带着一个二十来岁的痴呆儿子在一间破房里过着穷困潦倒的生活。男主人叫徐宗朝，字菊亭，早年曾当店员，有点文化，能写会算，有一手好毛笔字，人也长得魁梧，相貌堂堂，但40年代末即失业在家。家境本来就贫寒，自己又不会干农活，日子过得非常苦，三口人只有一床破棉被。冬天，徐菊亭成天穿件旧黄呢子大衣，白天蔽体，夜晚当被。那大衣还是二战结束后，联合国救济总署发放的救济品。

徐菊亭家隔壁住着一对二十岁左右的小夫妻，男的叫张玉喜，女的叫张秀珍，住一间小茅屋，家中有年迈的父母和一个刚出生的孩子，生活也很拮据。但张徐两家相处和睦，彼此关照。寒冬腊月，徐家人夜晚冻得吃不消，张玉喜就把孩子盖的一床新棉花的小被子给了徐家。张玉喜的老母亲还有点舍不得，张玉喜劝老母亲说："他家太可怜了，我们明年再种点棉花，给娃娃重做一床新被子就行了。"

几年后，徐菊亭和他们那痴呆儿都相继死去，剩下一个老婆子无依无靠，十分凄凉。这时张玉喜夫妇就干脆把这孤寡老奶奶接到自己家，当亲人待，吃住完全在一起。70年代初，张玉喜新盖了四间大瓦房，就把菊亭奶奶接到新房子一起住，不让她住在那间破茅屋中了。张家的子女们也把她当亲奶奶待，大儿子根宝一直跟着奶奶睡，直到长大。

后来根宝参军去了山西，菊亭奶奶十分不舍，老是挂念着。那年是南京长江大桥刚通车不久，张玉喜夫妇考虑到老奶奶从未出过远门，从未去过南京，张秀珍就陪老奶奶乘汽车到南京长江大桥去玩一次。很少乘车的张秀珍晕车很厉害，老是吐。而从未坐过汽车的菊亭奶奶却一点晕车的反应也没有。当时她还笑话张秀珍："你真没有享福的命！"到了长江大桥，看了大桥的雄姿和美景，奶奶开心极了，激动不已。看到正在大桥上站岗的英姿勃发的解放军战士，张秀珍告诉菊亭奶奶："你的孙子就像这些当兵的一样，你放心了吧？"老奶奶连声说："真精神，真漂亮，真好！我放心，我放心。"

后来根宝退伍了，又当上了工农兵大学生，从扬州大学烹饪专业毕业后，做的第一件事就是亲手做了一个大的奶油蛋糕送回徐墖村来给菊亭奶奶吃。老奶奶心里简直乐开了花。

菊亭奶奶活到了八十多岁，和张玉喜一家人共同生活了二十多年，1979 年她去世时，张秀珍把自己的一床新棉被撕了，给老人家做了盖被、垫被，又用新棉花做了棉裤，把她安葬。之后，逢年过节在给自家祖先祭祀的同时，也专门为她祭祀，给她烧纸钱、献供品。

张玉喜、张秀珍夫妇

社区关怀百岁五保老人

2016年11月，徐壋村第二村民小组年届百岁的五保老人刘传珍去世了，村民纷纷前来吊唁，并发出许多感慨。

刘传珍的丈夫叫徐从义，双目失明，十分穷困。早年夫妇俩从山边小路捡到一个被丢弃的女婴，看其可怜就收养下来，取名春玲。含辛茹苦几十年，将春玲养大并成了家。徐从义70多岁去世后，刘传珍仍辛勤劳作，帮助女儿。逐渐年迈后，春玲对老母亲尽心照顾，比亲生女儿还亲。社区领导念其困难，给老人家办了五保。有了党的关怀、社区组织的温暖及养女的照料，老人的晚年过得很好。

刘传珍去世，社区领导立即派人送来钱款，村里组织人员为其操办丧事。按照当地风俗，丧事办得隆重而体面。老人的女儿春玲哭着诉说："我和我妈都是苦命人，要不是我妈把我捡回来收养，我早就被狼吃了。感谢共产党，感谢当地领导，我妈才能活到100岁！"

村民反映说，老人能活到100岁，耳聪目明，髋骨曾摔断过两次，却能奇迹般愈合，充分说明了三个好：一是徐壋的水土好，出长寿老人；二是老人的女儿好，尽心尽孝；三是党和政府好，社区给予了她许多关怀。这真是盛世佳话啊！

相伴相守，不离不弃

贾先云

2003年，厄运突然降临到徐墖村孙祥友和贾先云这对刚满40岁的夫妻身上：孙祥友中风瘫痪，失去语言和行动能力，大小便不能自理，吃饭完全靠喂，情形与植物人相差无几。当时他们的两个孩子尚未成年，还在读书，一个老娘年近八十。家庭的重负就完全落在贾先云这个弱女子的身上。

坚强的贾先云没有被厄运击倒，她白天在混凝土搅拌站打工，下班后操持家务，照顾丈夫、子女及婆婆，全力维持这个家庭。不久，婆婆又患了癌症，2009年去世。接连的打击，使贾先云形容消瘦，憔悴不堪。她不屈不挠，每天除精心照顾卧床的丈夫外，还忙里忙外，种了好几亩田，豆子、玉米、山芋，她一样也不愿比别人家少种，另外还喂了几十只鸡。含辛茹苦，夜以继日，就这样坚守着，挣扎着，至今已十三个春秋了。丈夫孙祥友仍好好地活着，身上从来都是干干净净，没有生过一点褥疮。两个孩子也被她拉扯着长大，都坚持完成了学业，走上了工作岗位，又相继成了家。

现在的贾先云仍是那样在操劳着，坚守着，脸上还总是挂着笑容，对生活、对未来充满着信心和希望。

梁秀英、苏可贤自主婚姻传佳话

新中国成立初期，徐墭村青年妇女梁秀英丧夫守寡，带着一个幼小的女儿生活，后来爱上了本村穷苦青年苏可贤，却遭到了本村封建势力的粗暴干涉。当时村里家族势力想强迫梁秀英嫁给本族一个亲戚。梁秀英坚决反抗，坚持要与苏可贤结合。他们的自由恋爱得到了区、乡政府的有力支持，有情人终成眷属。这件事被当时的苏南行政公署树为宣传《新婚姻法》的典型，广为宣传，并编成剧本、写成书，在全国各地上演、发行。在上海工作的一些徐墭人看了演出后，纷纷给家乡来信询问这事，可见此事的影响是很广的。

村乡贤会成员考察佘村

父慈子孝

徐墖一组的朱世福、朱德华父子均丧偶多年，两人相互搀扶，辛劳度日，父慈子孝，传为佳话。

朱德华在不到40岁时妻子就意外触电身亡，在50来岁时母亲又不幸病故，其子女成家立业，远走高飞。他与老父亲俩人就成了“留守老人”，相依为命了。

近20年来，朱世福对儿子十分帮衬，朱德华对父亲十分孝顺。岁月流逝，朱世福越来越老了，80来岁就渐渐失去生活自理能力，一些疾病也不断缠上身来。朱德华对老父亲精心照料，耐心服侍。一日三餐，确保营养；洗澡抹身，及时周到。为了给老父亲治病，朱德华每隔几日就骑个电动三轮车，把父亲带到医院去治疗，从不厌烦，从不耽误。

朱世福年近90岁时，大脑严重退化，开始老年痴呆，吃喝拉撒都不能自理了。朱德华对父亲的照料也更加细心。老父亲常常会在半夜里跌下床来，朱德华听到一点动静，就会立刻起来，把老父亲抱上床去，安抚一番。

朱德华

多年来，朱世福一直不胖不瘦，红光满面，穿戴整齐，干净清爽。2017年冬天，90岁的朱世福老人走了，走得很安详。但朱德华孝敬父亲的佳话却传开了。

徐仁祥精心照料病妻

徐仁祥

徐墖一组的李莲英得了个怪病——肌肉萎缩，不到60岁的人竟渐渐失去了行动的能力，不能走路，不能自己梳洗、吃饭，甚至在床上都不能自己翻身。她的病程延续了七八年之久，非常痛苦。

她丈夫徐仁祥本来就与莲英很恩爱。妻子生病后，徐仁祥尽心尽意、无微不至地照料她。不管是冬天夏天，不管自己在外面干活再累，他每天都按时为妻子梳洗、喂饭、按摩，用轮椅推她出来晒太阳、串门。尽一切可能给妻子增加营养，帮她多活动，让她多开心。这样的日子持续了七八年，但徐仁祥无怨无悔、坚持不懈。

在妻子最后离世时，妻子的娘家人都夸徐仁祥说：“没有仁祥这样的照顾，莲英活不了这么久，也不会走得这么安详。”村里的人也都称赞：“仁祥真是一个好丈夫。”

徐树才凿路开沟除积冰

2017年腊月，一场十年一遇的大雪和严寒，把徐壒村带入了冰天雪地之中。厚达一尺的积雪，使村庄银装素裹、分外妖娆，但同时也给人们带来了出行上的很大麻烦。村里虽组织人员铲除了道路积雪，但天寒地冻，街道上有一点流水或积水，就会结成冰，行人很容易滑到跌伤。

在村中刘长华家东边的一条小巷处，就存在这种情况。由于没有下水道，住户厨房的用水漫流到路上，又正处在下坡处，这里结起的冰严重威胁行人安全。特别是每天都有许多小学生们要从此处经过，危险确实太大。

徐树才

看到这种情况，徐壒瓦匠出生的徐树才主动要求清除这一隐患。他从家里拿来“切割机”、“钢錾子”等工具，硬是在那混凝土道路上开凿出10厘米宽、十几米长的一条引水沟。沟开通了，流水被引到了塘边，这里的积冰也就消除了，孩子们可以安全通过了。他做的这件好事，得到了人们的称赞。

刘长华支持村容整治

2016年，青山社区决定对徐墖村的村容村貌进行整治：开辟村子南面的一条马路，整治村中的道路，拆除“猪圈”和杂乱建筑，整修水塘堤岸。这一系列工程，涉及许多农户的土地、宅基和菜园等利益，需要广大村民的支持配合。

刘长华

在此情况下，原大队老书记刘长华同志带头响应号召，不提条件，不设障碍，主动让出自己的一亩多茶叶地，为新马路让路。又主动拆掉了自家的猪圈和让出自家门口的一大块地皮，砍掉了几颗果树，让村里扩路、修停车位。使村里的工程能够顺利实施。社区和村里也不亏待好人，为他在自己场院内复修了一间约22平方米的储物间。对此，他表示非常感激。说自己只是做了应该做的事而已。

刘长华同志的这种主动姿态和顾全大局的精神，得到了社区领导的称赞，也值得村民学习。

林福军热心村史馆建设

林福军

村民林福军，年近50，文化不高，离异独身，在外打工，干木匠活，常年辛劳，收入有限，且上有老下有小，但他却热心村里的公益事业。听说村里筹建“村史馆”，他表现出了很高的热情，对本村的历史、人文、民俗等，竭力想有更多的了解。他认为，建村史馆是件非常有意义的事，是留给子孙后代的一件大礼物。他在全村第一个提出，要发动村民自愿为村史馆捐款，并捐出了全村第一笔200元钱。他虽文化不高，但还是经过深思熟虑，在村史馆留言簿上写下了“村民读村史，村史育村民”的语句，真诚表达了他的认识和心愿。他为全村带了个好头。

徐从照热心公益

徐墕有个徐从照，小名“怀宝”，人称“万能胶”、“万能博士”，古道热肠，乐于助人。对于村子里的大事小事，只要是对公众有益的，他都热心出手相助，从来不图回报。

老“怀宝”今年71岁了。他从小学瓦匠，手艺过硬，技术超群，担任过淳化建筑公司副经理。但他又不仅仅是会瓦匠活，木匠、白铁匠、修理电器、扎苕帚、做盆景等等，他样样拿手，村里人有这些方面的需求来找他，他都热心帮忙。他还会驾驶“马自达”（一种三轮摩托车），经常应急接送村子里的大人小孩。村子里哪家“老了人”，他会去帮助逝者净身更衣，操持料理后事；村子里哪里的道路坏了，需小修小补的事，他会不声不响地去搞好。

好多年前，村里还没有专门设保洁员时，老怀宝就三天两头地打扫村中的广场和“大巷”，从来不要任何报酬。2016年底，村里筹建“村史馆”，他十分积极主动，动脑筋，出力气。“村史馆”建成后，他担起了“馆长”之责，却不求“馆长”之报酬，与他老婆徐素云一起，负责起了“村史馆”的卫生保洁、开馆闭馆，以及周边环境的管理等事务。

多少年来，他一直就是这样默默无闻，平平实实地生活着，很充实，很快乐。有人问他：“你为什么乐于做这些？”他很平淡地说：“这些是小事情。我还没忘了自己是个共产党员。”

徐从照

苏银章为社区公共卫生服务奔波

苏银章是徐墖七队人，“老三届”的初中生，毕业后一直在家乡工作，曾任大队书记、乡镇党委办公室主任。从领导岗位退下来后，就一直在淳化街道卫生院帮助工作，从事社区公共卫生的管理和指导已近十年。这十年中，他天天奔波，日日操劳，在全街道十几个社区留下了一行又一行的脚印，为数万父老乡亲的健康洒下了一串又一串的汗水。

社区公共卫生管理是一项艰巨而细致的工作，是我国政府针对当前城乡居民存在的主要健康问题，以儿童、孕产妇、老年人、慢性疾病患者为重点人群，面向全体居民免费提供的最基本的公共卫生服务。

苏银章同志从事这项工作以来，工作严谨细致，作风深入扎实。为建立完备的居民健康档案，他与专业卫生工作人员一道，对各社区进行指导和督促，付出了大量精力。每年为居民“体检”，他更是起早贪黑，一个社区一个社区地坐镇指导，一干就是连续好几个月的时间。还有“预防接种”、传染病及突发公共卫生服务事件的报告和处理，以及健康教育服务、卫生督促，对高血压、糖尿病、重性精神病患者的健康管理等，苏银章做起这些工作来，真的是倾心倾力，一丝不苟。他多年来的这些努力，得到了上级领导、周围同事和广大社区群众的充分肯定。大家都说他是“社区公共卫生服务事业的热心人”。

苏银章

十

「文革」往事

WEN GE WANG SHI

XU AI OF ANCIENT VILLAGE 古村徐墙

1966 年 5 月至 1976 年 10 月的“文化大革命”，使党、国家、和人民遭到了建国以来最严重的挫折和损失。

历史已经判明，“文化大革命”是一场由领导者错误发动，被反革命集团利用，给党、国家和各族人民带来严重灾难的内乱。

——摘自《建国以来党的若干历史问题的决议》（党的十一届六中全会通过）

破“四旧”

1966 年 8 月下旬，“史无前例”的“无产阶级文化大革命”运动的风暴也刮到了徐墖村。村里的一些青年农民也学大中学校的学生，组织起了“红卫兵”，大张旗鼓地搞起了“破四旧”运动。当时的“四旧”指的是“旧思想、旧文化、旧风俗、旧习惯”，矛头所指，是一切传统的文化观念和古建筑、古物件。徐墖村的一些古牌坊、古门楼、古庙宇、古文物都遭受了灭顶之灾，被砸，被毁，荡然无存。

“破四旧”还发展到冲进私人住宅进行抄家，搜出的金银首饰、古瓷花瓶、古书字画、宗族族谱等，一概抄走，统统没收。就连睡觉用的“花板床”也不放过，其上雕刻精美的花板也要下走，作为“四旧”予以销毁。还有一些吃饭用的碗、盘、碟、罐，就因为上面有一些旧时的图案，也要统统统砸碎。那情景真如一场浩劫，令人不堪回顾。

这次“破四旧”抄家，村里的马素珍、徐济剩、徐蕙莲、马仁英、徐从贵、吕义鸿等近十户地主家无一幸免。还有两三户“小土地出租”和“中农”成分的也遭受了抄家，损失惨重。

第二天，全大队还组织了对地、富、反、坏“四类分子”的游斗，在他们的颈子上挂上沉重的大木牌并写上名字，身上、脸上被涂上红油漆，顶着高温烈日，在各个村子之间游街示众。这些人又热又渴，却不让喝水。有几个人几乎虚脱休克了。地主杨汇川实在受不了此罪，挣脱了绳索，跳进了水塘，虽被捞起，但喝饱了水，当时没有溺死。但他毕竟年老体弱，几个小时下来，已不能走路，当天还是活活被游斗死了。还有杨家庄的包孔扬，新中国成立后担任过青山乡乡长，因有历史问题被打成“反革命分子”，实在受不了这“游斗”之苦，当晚悄悄地在戴马墅村后小山的一棵树上，上吊自尽了。

“三忠于、四无限”

1967年初春，“文化大革命”进入了高潮。在林彪等人的推动下，全国掀起了个人崇拜的狂热浪潮。林彪提出：“要永远忠于毛主席，永远忠于毛泽东思想，永远忠于毛主席的革命路线。”对毛主席“要无限热爱、无限信仰、无限崇拜、无限忠诚”。

徐墖村和全国一样，围绕“三忠于、四无限”，也开展了一个以“天天读”、“早请示晚汇报”、“像章热”、“忠字舞”等形式为主要特征的“献忠心”狂热活动。全村各个生产队每天都要组织社员读毛主席著作、毛主席语录；每个人胸前都要佩戴毛主席像章；每个人都要面对毛主席像早请示、晚汇报，每日三餐前还要手持“红宝书”齐声高喊：“敬祝我们的伟大领袖、伟大导师、伟大统帅、伟大舵手毛主席万寿无疆！万寿无疆！”然后才能吃饭。每天，男女老少还要集体跳“忠字舞”，以表达对毛主席的无比热爱。所有这些，形成了一套固定的程式，人人都得遵守。

徐墖村中的“三家桥”还建起一座“忠字台”，砌了一面高约5米的大墙，画上巨幅毛主席画像，描上林彪的题词，这里成了全村人顶礼膜拜的集中场所。

那个年代，毛主席画像、像章、塑像，以及红宝书，都成了“圣物”，若有人不小心弄脏了、弄破了，那就是不得了的罪过，轻则被批斗，重则被打成“现行反革命”，立刻受到“无产阶级专政”的铁拳打击。所以，那时的人们，一方面要表现高涨的革命热情，另一方面又无不小心翼翼、提心吊胆过日子。

附：跳《忠字舞》所配歌曲：

《毛主席，我们心中的红太阳》

"大串联"中的徐墖人

1966年8月18日，毛主席在北京天安门接见来自全国的"红卫兵"，由此拉开了学校"停课闹革命"、红卫兵全国"大串联"的序幕。毛主席先后八次在天安门接见红卫兵。徐墖一些在外读书的大中学校的学生都卷进了这场全国大串联的洪流。

朱德忠当时在句容的"江苏省劳动大学"读书，他先到北京参加了毛主席第四次接见红卫兵活动。12月9日又与几个本校同学一道，步行串联到井冈山，在那儿，他还遇到了家乡的孙敬祥、陈传勇等几个中学生。他凭着学校发给的每月9元的伙食费，沿途没有在各"红卫兵接待站"借一分钱。回来时，他们经南昌乘火车到了南京。

而徐墖的另一个"农中"学生李建功就"头脑活络"了，他在大串联中几乎跑了大半个中国，一路上在各个接待站借钱。后来，各地接待站多次来函要他还钱，他无力归还。

徐墖的陈梅兰、吕业民、苏银章等中学生，也都参加了"大串联"，受到了毛主席的接见，在北京、上海、井冈山、韶山等许多地方都留下了足迹，跑了许多路，吃了许多苦，经受了锻炼，增长了知识，留下了难忘的回忆。

作者1966年十月于天安门广场

清理阶级队伍，下放干部

1968年，“文化大革命”运动继续深入，声势浩大的“清理阶级队伍”工作展开了。各行各业、各条战线都对人员进行清查，查阶级成分，查个人、家庭和亲属的历史。发现线索，就要内查外调，严格审查。许多干部、教师、职工都无辜遭受严重打击，有的被下放劳动，有的被开除回家。

徐墕村的徐祖银、徐祖淼原来都在上海市工作，因为家里“土改”时被划为“地主”成分，两人及全家都被赶回原籍徐墕，被戴上“地主分子”帽子，接受批斗和监督劳动。

原在大连市秋林百货公司任部门经理的徐存柯和妻子殷绍珍（幼儿教师），因父亲的历史问题，全家5口人被下放回徐墕劳动。

原在南京天福布店（秦淮区“区店”）担任工会主席的吕雨生，因本人有“一般历史问题”，被下放回到徐墕劳动。

还有原在江宁县农资公司工作的业务干部孙祯陶，也被下放回了徐墕，参加生产队劳动。

另有镇江市的居民王大妈一家六口人，也被下放到徐墕六队劳动。

直到“文化大革命”结束后，各地开始搞“落实政策”，这些“下放人员”才改变命运。徐存柯、殷绍珍一家回到大连，回原单位工作，他们的大女儿徐卫华因已成年，只能上调至南京的某地质队工作。孙祯陶回到了江宁县农资公司。吕雨生因此时已过了退休年龄，就被恢复了原身份，并改办了退休。徐祖银、徐祖淼两家也被落实了政策，户口回到了上海市。徐祖银的两个儿子就地在江宁县青龙山水泥厂安排了工作。六队的王大妈一家也“上调”回到了镇江。

徐墭村的“知青”们

“知青”，这是一个特殊的历史称谓。知识青年上山下乡是指 20 世纪六七十年代“文化大革命”期间，发生的一场声势浩大的运动。当时毛主席发出“农村是一个广阔的天地，到那里是可以大有作为的”、“知识青年到农村去，接受贫下中农的再教育，很有必要”的指示，政府组织大批城市“知识青年”离开城市，在农村定居和劳动。这场席卷全国的政治运动，冲击和影响到了 1600 多万知识青年及他们的父母、家庭，影响了整个社会，在中国历史上留下了深深的痕迹。

1968 年 12 月毛主席发出知识青年上山下乡的指示后，徐墭村也先后接纳了一批又一批插队“知青”。他们有：

1. 来自淳化镇的插队知青：袁银秀、陈凤霞、陈兰霞、周金珠、吕爱萍。

2. 来自南京市的插队知青：曹新民、江华、马强。

3. 来自上海市的插队知青：徐仁麟、徐慧君、徐瑞吾、苏祖良、褚小凤、徐友仁。

4. 来自大连的插队知青：徐卫华。

5. 来自南京火车站职工子女的插队知青共七人。

几个中学同学在作者徐墭家中

这些知青当时年仅十七八岁，到了农村的环境里，各方面都很不适应，非常艰苦，饱受磨炼。直至 1978 年前后才陆续“上调”回城里安排工作，结束了“知青”生涯。这段经历对于他们个人来说，是刻骨铭心的；而对于历史来说，是不容忘记的。

附：

徐墖村插队知青一览表

姓名	性别	出生年月	来自何处	学历情况	所落户生产队
周金珠	女	1951	淳化镇	66届初中毕业生	徐墖二队
袁银秀	女	1952	淳化镇	67届初中毕业生	徐墖三队
陈凤霞	女	1952	淳化镇	67届初中毕业生	徐墖四队
陈兰霞	女	1952	淳化镇	67届初中毕业生	徐墖五队
吕爱萍	女	1952	索墅镇	67届初中毕业生	徐墖八队
曹新民	女	1954	南京市	69届初中毕业生	徐墖五队
江　华	女	1953	南京市	68届初中毕业生	徐墖五队
徐仁麟	男	1950	上海市	67届初中毕业生	徐墖四队
徐慧君	女	1953	上海市	69届初中毕业生	徐墖四队
褚小凤	女	1953	上海市	69届初中毕业生	徐墖七队
徐瑞吾	女	1953	上海市	68届初中毕业生	徐墖四队
苏祖良	男	1953	上海市	68届初中毕业生	徐墖八队
徐卫华	女	1953	大连市	69届初中毕业生	徐墖二队
徐友仁	男	1953	上海市	69届初中毕业生	徐墖一队
马　强	男	1956	南京市	72届初中毕业生	徐墖七队
小房小徐	等7人	不详	南京火车站	74届初中毕业生	徐墖几个生产队

青山 清水 亲人

68年8月10日，我登上了一辆满载着老三届初中毕业生的军用卡车，伴着震天的鼓锣声、快乐的欢笑声、嘹亮的歌声，来到了青山大队徐墖村。我被分配到了第三生产队。从此，开始了我九年的插队知青生活。

三队是徐墖村的明星队，队风正、管理好、收入高。队长祁泽武是个不苟言笑、身教重于言教、极具权威又受人尊敬的硬汉。他是我走上社会后的第一任领导。

那年，我十六岁。在生产队劳动力里差不多是最小的，最弱的。队长一般总是把相对较轻的农活分配给我，像严父般的手把手言简意赅告诉我如何去做。一天，队长让我看秧苗。我乐坏了，因为这样我就可以坐在田埂上，抽时间看看书啦。于是，我带上一本书，带了一把大大的遮阳伞。谁知道，突然雷电大作，顷刻间天上下起了瓢泼大雨，这样下我更开心了，心想这么大的雨，旷野无人，你小小的麻雀还敢出来偷吃我的秧苗？于是，我放下手中的长竹竿（驱赶麻雀的武器），一手撑着伞，一手拿书，全神贯注地看起小说来了。也不知道什么时候，突然，我发现一人身穿雨披扛了一把锹，从我身后走过并用一个泥球抛向秧苗田里，随着一声“呿”，秧田里一大群正在偷吃稻谷的麻雀受到惊吓，“噗”地一下全飞了。我再一看，原来是队长！这么巧！给队长逮了个正着。他不仅看到我失职在看书，还帮我赶走了那群该死的麻雀。我低着头准备挨训，谁知半天没声响，抬头一看，队长居然走了。这时的我

知青袁银秀与作者、孙卫忠、董书和在黄龙埝水库

心里自责、感激交织着，拿起了竹竿，站在田埂上许久没动……

在徐墶三队劳动三年半光景，我干了许多行当：记工员、现金保管员、读报员、卫生员，是我能干吗？不是，源于队长给我的信任、鼓励和帮助，让我明白了责任与担当。这种影响力一直延续到我今后几十年的工作中。

生产队里还有一个好青年，就是团员徐惠芳姐姐，她个头不高，仅1.5米，但劳动中总是吃苦在先，并乐于助人。记得第一次我们全队社员到五里外的镇上交公粮，我挑的箩筐装了50斤稻谷，这是我平生第一次挑这么重的担子。开始还觉得挺轻松，可一段路下来后便感觉越来越重，肩膀左右频繁交换，依然疼痛难忍，两腿像灌了铅似的踉踉跄跄。汗水、泪水交织在一起，浑身湿透，步履艰难，我已经远远落在了交公粮队伍的最后。正在此时，就看到徐惠芳匆匆向我走来："来，给我，你歇歇！"未容我说谢字，她已双手托起我的扁担，转到她的肩上，甩开步伐向大队伍赶去。原来她已经第一个到达了终点，便立刻回头来帮我。我模糊的眼中那远去的瘦小纤弱的身影，俨然显得那样的强健和高大，那一刻的场景永远定格在我的脑海里。

妇女队长徐梅珍不但人美、歌美，心灵更美。重活、脏活她总是义不容辞抢在前面，在女社员中很有号召力。有一次妇女农活是挑稻谷到打谷场，按先后顺序，那最后的一捆应该有我来挑，可是看收工时间到了，于是徐梅珍果断地对我说："你赶快收工回家，要做饭，最后那一捆交给我。"后来，我才知道，这一趟来回她就比别人迟收工半小时。

还有那些小伙伴们，她们常常教我挖野菜、寻草药、编织袋，给我的知青生活平添了许多情趣和快乐。

三年半后，我被安排去了青山大队学校任教。那是我知青生活的第二阶段。也是决定我人生道路的重要阶段。看着一批批知青上调回城，我向往，我心动，我彷徨。可大队书记朴实的言语打动了我："这里是青山，清水，更有亲人，你舍得走吗？"是的，尽管我在五年后离开了青山，但仍然没有离开我的教书育人的岗位。

九年的青春岁月是漫长的，也是短暂的；九年的青春回忆是苦涩的，却又是幸福的。弹指一挥间，50年过去了，然而知青生活的场景与画面，仿佛就在昨天，那青山，那清水，那亲人……让人难以忘怀。

老三届知青　袁秀（袁银秀）

生产队里挣工分

我是徐墶七队的人，自上初中开始，每年寒暑假和农忙假期间，我都要回生产队参加劳动，同时也能挣到工分。

当时生产队的男劳力每天最高可挣10分工，女劳力最高可挣7.5分工。而我最初每天只能挣2分工，后来增加到3分工。到了高中时，身强力壮了，也只挣到7分工。不过这对于我来说，已经够高兴的了，毕竟能为家中减轻些经济负担了。

生产队的老队长孙祯祥是个好人，他对我和苏银章等几个中学生是比较爱护的，一般总是安排些较轻的农活给我们干。夏天，我干的最多的活是给稻田"车水"。我们队的老式水车有"4人轴"、"6人轴"，"车筒子"有"一丈二"、"一丈八"和"二丈四"的。其它部件还有"牛基"、"水基"、"车创"、"车担"、"龙骨"、"车板"等。带领我们车水的"老把式"经常是五十来岁的孙祯叶或不到三十岁的生产队会计苏昌祥，经常车水的几个年轻人有苏银章、孙祯年、孙美华、苏昌荣和我。我们这帮小家伙被队里人称作"小秃罗"。

我们这帮"小秃罗"每次搬运水车时都是扛些较轻的部件。一般情况我总是挑"牛基"，后来长点力气了，我就争着扛"四人轴"或"一丈二的车筒子"。但"六人轴"、"两丈四的车筒子"总是老祯叶或苏昌祥扛，不让我们扛，生怕压坏了我们这些小家伙。

安装水车是个技术活。每次"老把式"安水车时，我在旁边做帮手，同时也在用心学习其中的窍门。这窍门很多，有不少学问，如："角度"、"支撑"、"楔合"等，还有"糊泥"、"开槽"等。一道工序做不好，水就"车"不上来，不能有一点含糊。

水车安好后，就是我们开始卖力气的时候了。4个人或6个人在车上飞快地踩着"车锤子"，节奏跟不上就会"吊虾子"，"吊虾子"是很丢人的。

另外，你若在车上不出力，必然是身体吸在“车担”上，别人能看出来，那是要被人耻笑的。我们这帮“小秃罗”人人要面子，谁也不肯“掉价”，都不偷懒。在干旱年份的夏季，我们几乎天天“车水”。

随着年龄的增长，我也想学点高级点的农活，如：耕田、耙田、耖田等。可老队长总会说：“嗨，你还真想一辈子种田啊？读好你的书吧！种田这个‘苦交易’不是你干的事。”所以，我一直也不会耕田、耙田，就是“插秧”这个农活，也总是比别人差一截子。那时，老队长经常让我干的一件事就是让我每天下午三四点钟就拿个“记工簿”，跑遍全队几个不同的干活地点，给社员们记工分。这是个“快活事”，是他对我的特意照顾。我若不在时，这“快活事”就会落到苏银章头上。老队长是比较喜欢我们这两个“读书人”的。

那时，生产队的收入分配水平很低。男壮劳力一天挣 10 分工，叫一个“工”。这一个“工”，在我们徐塃七队才七毛钱。徐塃三队收入最高，也才八九毛钱。而徐塃五队仅五毛多钱。我母亲每天挣七分工，全年才 200 个“工”左右，140 元钱，不够全家“称口粮”的。我利用假期挣几十个“工”，全年能挣三、五十块钱，也算是帮了家里了。

作者与年近八旬苏昌祥

五十年前的这段经历，回忆起来，觉得很有味道，很珍贵。我现在常常会怀念起我们的老队长——善良的老祯祥，还有那厚道的老祯叶。而每次见到已经苍老的老实巴交的苏昌祥时，也会有一种很特殊的感情涌出来。

十一

三言两语说村史

SAN YAN LIANG YU

XU AI OF ANCIENT VILLAGE

古村徐壒

三言两语说村史

记得小学门口东边拱门旁墙上挂有一块黑板，徐森老师每天用红黄蓝白彩色粉笔在黑板上写一版时事，主要是国内外大事，最多的是抗美援朝。引来路过行人驻足观看。他写板报兢兢业业，从不间断。殷绍珍老师还带学生宣传队到附近村子表演花棍，喊口号，宣传抗美援朝。这两件事，当时很认真，也不容易啊！

徐存骧2016年12月24日来信（时年78岁）

写村史有意义。还有徐在桢，从医有名。应写进村史去。另有徐祖明、程振华（上堰人），情况我并不了解，只是提醒。如不妥，可不采纳。

徐存骧 2016年12月14日来信

我母亲是吕家的姑娘，是麻园里吕二太爷的独生女，嫁到耿家来的。吕二太爷是“守”字辈的。我母亲生三男二女，三个儿子是耿广辉、耿广钺、耿广耀。耿广辉参加志愿军打过仗。

耿广耀2016年12月27日口述（时年88岁）

“后徐”的班辈排序已记不全了，只知道“文、传、家、孝、友、庆、长、真”这几个字了。其中“孝”字辈的人后来使用“国”字取名，是因为我的伯父和父亲取名为“国银”、“国成”，也就跟着取名为“国保”、“国富”、“国俊”等等了。

徐友珍2017年10月12日口述（时年88岁）

我父亲叫徐经西，有兄弟七人，他排行老七。老大名不详，无后；老二名“系泓”，生子“在权”、“在樑”；老三名不详，外号“三侉子”，无后；老四名“系澜”，生子“在柱”、“在文”；老五名不详，无后；老六名不详，外号“六伢呆子”，无后；我父亲生了四个儿子两个女儿，儿子是“在棋”、“在樯”、“在炳”、“在胜”，排行第三的女儿嫁给了淳化镇的袁长荣，另一个女儿嫁到了郑家边。“在樯”外号“二把子”。我父亲被“抓壮丁”死在外面了。

徐在炳2018年6月16日口述（时年87岁）

记得我小时候，村子里每年都要组织人上“社火”。就是由青壮年人“顶个个”，扛大旗，敲锣鼓，放火铳，成群结队，去四五里外的“松岗庙”赶庙会，在庙会上表演各种技能和体能，各村之间争个高下。当时的大旗很大，旗杆是毛竹做的，连旗带杆二三十斤重，如果有风，那分量就更重。掌旗的人是顶三级头的“个个”，底座的人很壮，那还真不是一般人能干的。

吕业新2016年12月18日来信（时年83岁）

我们村正月十五跳鼓是有名的，方圆几十里的人都来看热闹。我年轻时多次参加跳鼓，属“后大社”的。多冷的天，赤大膊，也不觉得冷。跳鼓要跳出各种花样，如剪子箍、螺蛳结顶、水波浪等。

马洪俊2016年12月26日口述（时年81岁）

云居寺的方丈是明远和尚，后来的住持先后是悟明和悟来。悟明去了台湾。悟来新中国成立后被人民政府镇压，枪毙在孙家边涧边上张可塘，是三里店丁某某开枪的。我从9岁到23岁都在云居寺内放牛、帮工。明远和尚后来到上庄村南边的小庙养老，陈福根一直做他的帮工。

吕守祥2016年12月27日口述（时年92岁）

我多次参加过跳鼓。当时朱怀广、徐和生、徐文忠、马继发、苏宏顺、孙老四、徐从永、徐宗根（祖开）、徐传发等人都当过领鼓。大冬天，跳鼓的人赤大膊，只系个“束腰子”，不怕冷。我的“束腰子”上的纹饰是“笔定双钱”。

张玉喜2016年12月28日 口述（时年88岁）

东门口外的吕家山脚下有一小庙，名“李靖庙”，又称“李李庙”，门口有一大大的石头香炉。

马洪俊、朱德忠、徐从照等回忆

抗美援朝战争时期，徐墖青年徐在文、方青、耿广辉，陈立祥、红伢（陈金钱的外甥）参加志愿军赴朝作战，战后光荣返乡。

朱德忠(时年75岁)、徐从照等口述

1975 年秋天，上坊陈墖村青年刘友树与徐墖村女青年陈梅芳恋爱。结婚时，男到女方落户，实行喜事新办。婚礼在徐墖村中“三家桥”的“忠字台”（戏台）举行。没有聘礼，没有筵席，只有一副箕子、扁担和几件农具做嫁妆。大队书记刘长华作证婚人，致了热情洋溢的证婚词，一对新人喜结良缘。婚礼现场非常热闹，新闻媒体也做了采访和报道。

刘长华、苏银章等回忆

新中国成立前，徐墖村拥有里头山（青龙山）大片的山林。靠山吃山，村上的许多人靠打柴为生。当时民谣称：“佘村的皇帝，徐墖的兵，窦村的石匠”。这里说的“兵”是指扛着“尖担”上山，像是兵。

马洪俊2016年12月28日口述（时年81岁 ）

新中国成立前，里头山（青龙山南麓）以分水线为界，大片山林都属徐墖村所有，约万亩之广，它们是黑石头山、石浪、高木山、深洼、猪嘴、陡百米、狼窝、黄龙埝、大埝等地。上世纪 30 年代，徐墖村曾和山背后的贾家村为部分山林权发生争斗，以致闹出了“人命案”。徐墖村村董朱永柱被县衙抓走吃了“官司”。

为了营救村董，村里集体商议将现山涧和塌塌山、大铜山、小铜山数百亩山地卖给了美国人，筹集了一笔钱，救出了朱永柱并保住了我村的大片山林权益。美国人在那片土地上开办了试验农场——“棉花公司”。这棉花公司就是现山涧林场的前身。

朱德忠、马洪英 回忆

新中国成立前的民谣说：“徐墖人苦难当，不是砍柴就是打桩，尖担头上挂米缸。走到长生观，泼了一大半；走到周林岗，泼得精打光；走到望乡台，一路哭回来”。“镰刀磨得像银子，衣服破得像裙子”。

刘长华2016年12月30日口述（时年75岁）

村里“后头巷”有一座娘娘庙，里面有三座神龛，供奉着菩萨。新中国成立初金老三住在里面，占了一小间。金老三的女儿嫁给了张炳华，也住在里面。

张玉喜 朱德忠 马洪俊等回忆

我们村许正兴的二弟许正亮参加了新四军，牺牲了。新中国成立后，被人民政府追认为烈士。许正兴一直享受烈属待遇。他的四弟许小孩随国民党的南京被服厂到了台湾，改革开放后曾回来探亲过。

笪友仲(时年81岁) 马洪俊、徐从照等口述

抗战胜利后，徐行从国民党军队退伍回到徐墖，担任保长。他把村里的青壮年组织起来，经常操练，教年轻人打拳、格斗。夜晚还结队在村里巡逻。有时还到“里头山”巡山。当时村里给他搞得很热火。

吕业新 、 朱世友（时年85岁）等回忆

徐行与徐在华是兄弟，徐行的妹妹、徐在华的姐姐嫁村西的苏祖科，生苏文钦。苏文钦与徐存文、徐存云是表兄弟。

苏银章、徐仁山等口述

后头巷“三益堂”的昆大奶奶是吕家的，她的房子很大很多，高梁大柱，大敞厅，进深很深，走进去很感到害怕。里面有许多黄鼠狼、大仙。当时昆大奶奶让我家在里面堆了不少柴草。后来这房子要拆，我家就把柴草搬出来了。

马洪英（时年73岁）口述

村东头的閶门里原来有三个大门进出，晚上把三个门一关，外人就进不去了，很“紧深”的。

马洪俊口述

记得我们村的东头有“游子塘”、“固塘”，村子中间有“鸭塘”、“鱼盖塘”、“马盖塘”，南边有“星塘”，西头有“合塘”、“白芦塘”，“红庙”边有“大塘”。这些塘在我儿时的记忆中印象深刻。

吕业新 2016年12月20日来信

我们村子有好几个庙，北边的“老庵”，东边的“新庵”，吕家山脚下的“李李庙”，南头的“红庙”，后头巷的“娘娘庙”又称“堂子”。出村东门里把路就是云居寺了。

吕业新 2016年12月20日来信

58年“大跃进”时，我们这里搞“大兵团作战”，搞“深翻”，把田里的土深翻三尺，黄土都翻到了上面，说这样能“高产”。刮“共产风”、“浮夸风”。那时农村办“大食堂”，“放开肚皮吃饱饭”，各家把锅砸了大炼钢铁。当时我村办了三个大食堂，分别在前徐宗祠、麻园里和苏宏兆家那里。接着，就是三年困难时期了。

苏银章、刘长华、徐从照 等回忆

1958年冬天“大跃进”时，学校搞“并校”，徐塘小学的学生全部集中到孙家边小学，集体食宿。我们都住在孙家边村民家中，睡地铺，吃大锅饭。我们才刚上小学三年级，真苦。

徐从照、马洪英、吕业民等回忆

“四清”运动，1963年，朱德忠任一队会计，他出面从全村八个生产队筹集了一些钱，带领马洪英、祁泽美又办起了民校，教一些文盲、半文盲的村民学文化。1965年，他出去上学了，民校就交给马洪英负责，直至1966年上半年。马洪英后来去大山凹办小学复式班，一干就是11年，对青山的教育事业是有贡献的。

刘长华回忆 （时年75岁）

1969年夏的一天，徐塘几个小放牛的在小赤壁顶部山坡上放牛，徐一队与徐五队的两头公黄牛忽然打起架来，越打越凶，竟同时从两三丈高的赤壁顶上跌落下去，都严重受伤，虽请兽医诊治，也没能保住它们的性命。这在种田要依赖耕牛的年代，这两个生产队的损失真的很大。两头牛宰杀后，队里各户人家分到不少牛肉，队里还搞了聚餐。

徐从照、陈育华、刘长华等回忆

徐塘村人每年春夏之交时要赶“会场”。农历三月十五是索墅会场，四月初八是湖熟会场，四月初九是淳化会场。会场很热闹，类似于北方的“赶集”，不过是一年一次，规模很大，很隆重。

笪友仲 吕业新 徐存骧等回忆

传说徐塘吕氏祖先中曾出了两位侠士——吕金斯、吕同一，为叔侄二人，武功了得（一说为一文一武）。他们曾一次杀了18个强盗，将18颗人头埋在九十九间半豪宅门口十八级台阶下。“十八步”由此得名。

又传说吕金斯曾打败过一个武功高强的和尚。和尚失败后远走他方，十年后来徐塘村寻仇报复。吕金斯得知消息后躲避起来，在家中放了一口大棺材，里面放了几块青石，其家人佯称吕金斯已死，正在举丧。那和尚来后，见人已死，就用手抚在棺盖上绕行一周，然后大笑几声，扬长而去。之后，吕金斯回来打开棺材一看，里面的几块青石已经粉碎，大惊失色，方知这和尚的功夫已经修炼得十分可怕，庆幸自己逃过一劫。

苏银章、徐在桂、徐从照等口述

柯奇老师上世纪40年代曾在徐壒小学任教，1949年去台湾。1992年柯奇回徐壒探望他曾“代饭”过的朱怀广家，与朱家的两位大嫂合影留念。

朱德忠、马洪英回忆

注：此篇《三言两语说村史》系2016年12月编写的文稿，布展在徐壒村史馆中，现直接转录于此。后来有添加的内容，均在时间上做了明注。特此说明。

附：

徐壒村史馆“百幅老人笑脸墙”照片

2017年底，作者拍摄了全村112位古稀、耄耋老人的照片，于村史馆制作了“百幅老人笑脸墙”，在广大村民中引起了热烈反响。特转辑于此，以示后人。

父爱如山

母爱如水

徐仁福、孙祯勇、朱德华、朱德祥
鄢洪喜、徐仁祥、吕守祥、刘长华
陶庆和、朱世友、袁　俊、吕克奇
庞家庆、苏文波、苏昌富、苏银章
苏昌祥、徐系太、苏昌荣、蓝瑞生
邹自胜、黄承义、吕克明、吕克龙

黄承仁、邹兆兴、陈长炳、马洪柯
李仁和、陈育华、陶兴龙、朱德洪

父爱如山

邹兆明、徐存隆、苏克海、苏祖祥
王崇根、吕克俊、陈长华、吕克智
李先贵、颜邦林、苏克胜、诸长庚

许连喜、徐从家、朱顺英、徐丽珍
笪有仲、骆有富、陈美华、吕克云
徐在桂、张玉喜、张秀珍、聂　英
骆有华、马洪俊、李业英、王素华
张国祥、徐从照、陈金玉、朱春芳
徐在炳、孙祯森、邹素珍、祁锦秀

刘本兰、马安英、朱春英、李根美
贾巧云、贾先兰、张丽珍、徐美华

母爱如水

马爱兰、张梅兰、张彩萍、贾先福
李爱珍、树巧珍、王大七、耿掌明
冯锦珍、徐仁美、孙兰英、张桂芳

蓝　英、庞乐珍、冯连华、谢庆荣
李小桂、吕克美、汤在玲、骆兰英
陈玉珍、苏克香、李梅珍、刘顺娣
朱双珍、孙祥英、徐树云、李六香
徐国英、苏克兰、汤士美、徐凤英
徐存红、徐传珍、邹兆英、徐如珍

百幅老人笑脸墙姓名对照表

十二

附录

FU LU

XU AI OF ANCIENT VILLAGE 古村徐壒

青山村民“众筹”建村史馆

本报讯 日前到淳化街道青山社区采访，笔者听说了这样一桩新鲜事——徐塝村280余户村民自发“你出钱，我出力”打造了本村的村史馆。笔者决定一探究竟。

沿着村中小径往里走，一栋古宅映入眼帘，飞檐翘角坡屋顶，青砖黛瓦马头墙，村民告诉笔者，这就是他们村的村史馆，浓缩了800多年历史的精华。走进村史馆，四周墙壁上陈列的各类展板，有的是文字、有的是图片，记述了徐塝村的由来、历史沿革、民风习俗、家风家训以及名人贤士和英雄人物的事迹。

村史馆的馆长是徐塝村68岁的村民吕业民，是南师大毕业的高才生，他介绍说，徐塝村始建于南宋初年，村庄依山而建，村中建筑宏伟古朴，原有一座九十九间半的豪门大宅，其门口有十八级台阶，人称“十八步”……从村庄简介到村民姓氏，从村中民俗到历史人物，介绍起徐塝村来，吕老如数家珍。

笔者边看图片，边听讲解，徐塝村尘封已久的过去，变得清晰生动，游走在陈列的展板间，结合村史里的乡村民俗，静默的照片似乎也在诉说着。

谈起建村史馆的初衷，吕老说，他们这一辈在村里长大，现在村子变化越来越大了，不能让村里的后代忘了村庄的历史，要留住他们的根。“徐塝村的文化底蕴深厚，与其说我与村民们一起整理村庄的历史文化，不如说大家都受到了熏陶和滋养。”

这不仅是吕老一个人的感受，村民徐昇亮告诉笔者，自从1月下旬村史馆开馆以来，他与很多外出打工的村民回家后都跑到村史馆看了又看。“现在发现咱们村的老屋里、巷道间，原来有这么多讲究、故事，这么深厚的文化底蕴，在外面也能向别人讲讲自家村里的故事，感觉自信了不少。”他说。

“村史馆里的历史都是我和村里人一起翻家训、找族谱、问村民、查照片整理出来的，大到历史人物的姓名，小到村庄古建筑的方位，都要一一对应。”吕老说，他们还根据村里在世老人口述补充的材料，几易其稿，终于得到全村村民的认可。最后通过大伙“众筹”，将原本村中的古宅修缮成了现在的村史馆，村史馆资料都陈列在这里，供村民们参观。

“村史是文化之根、乡愁之魂。”在吕老看来，村里的每一位村民既是历史的参与者，也是历史舞台上的主角。而村史馆让人们故土留根、文脉传承，存留那一抹乡愁。徐塕村村史馆就是通过村民们“众筹”凝聚起来的“乡愁”，经久弥香，耐人寻味。

记者 杨甄 侯思源

载于 2017 年 3 月 17 日《江宁新闻报》

村中小景

电视台采访徐墖村史馆

【口播】一座村史馆穿越千年，浓缩着农村的历史记忆，承载着丰富的农耕文化，记录了村庄的时代变迁。坐落于千年古镇淳化街道的徐墖村是一座有着800多年历史的传统村落，为了让异乡的游子有根可寻、让村里的后辈记住这份乡愁，在外工作30多年的徐墖村村民吕业民，退休后回到村里开始筹建村史馆，如今这间由村民们自建的村史馆已初具规模。

【配音】依托村里宗祠祠堂旧址建成的徐墖村村史馆于今年1月25号正式开馆。推开村史馆大门，一块块展板悬挂在墙上，从古老村落的历史沿革到姓氏、宗族、民俗介绍；从乡贤人物榜到凡人善举，浓缩的是徐墖人珍贵的乡村记忆。“元宵跳鼓”是徐墖村元宵夜特有的民俗习惯，今年89岁的张玉喜老人向我们回忆起1958年大跃进时期，他最后一次跳鼓的情景。

【同期声】张玉喜：当时的服装它上面不穿衣裳，就是这一个束腰子，下面一条裤子就行，很单薄的衣裳。基本动作就是一个棍子，两个人拿个鼓抬着打，打着跑着，打着跑着，这很多年了。

【配音】作为村史馆的初创者，吕业民从退休后就有打造村史馆的想法。去年11月，社区领导找到他，希望他能为社区村史馆的建设建言出力，正是这份认可与信任，让他有了动力把梦想变为现实。

【同期声】徐墖村村史馆初创人 吕业民： 后来我想我们这个村历史这么悠久，底蕴这么深厚，完全可以就这个村子搞出一个村史馆来，所以这样我就开始着手了，把这个想法跟村民跟父老乡亲一说呢，他们都很热情，都很支持，所以我心就大了起来。

【配音】今年1月，吕业民开始了村史编写工作，他首先查阅了一些地方志史料，又挨家挨户调查走访、收集信息，并把村里的老年人召集起来共同挖掘历史记忆。

【同期声】徐墖村村史馆初创人 吕业民：有些人甚至为一件事情、一个回忆多次跑到我家里面来跟我谈，跟我介绍情况，为了慎重起见，我们几次都召开座谈会，座谈会上大家也是非常认真，常常一开就是三个小时,到吃饭了都停不下来。

【配音】吕业民将大家口述的内容编辑、整理成文字稿件，并呈给村里的老辈推敲指正，改好后，再送去给史学专家征求意见。一稿，两稿……吕业民反反复复将稿子修改了七遍，才谨慎地把它们印刷出来，整个过程只用了短短一个半月的时间。

【同期声】徐墖村村史馆初创人 吕业民： 当时想法就是想能够尽量赶在春节之前把它搞起来，因为春节回来探亲的人多，借这个机会满足一下大家的乡愁这个方面的渴求，借这个机会也是对村民们进行传统文化这方面的教育。

【配音】村史馆开馆后，吕业民便当起了义务讲解员，为参观村史馆的人们讲解每一块展板背后的故事。

【同期声】徐墖村村史馆初创人 吕业民： 这个都是参观过村史馆一些人的留言，其中有一位是这样写的：走进村史馆，记住乡愁；走进村史馆，想起童年；走进村史馆，想起村落山水；走进村史馆，想起时代变迁。祝徐墖村明天越来越好！

【配音】徐塆村村史馆讲述的是一段段唱尽变迁、流经起落的故事，承载的是徐塆人浓浓的乡情。吕业民希望这间村史馆在传承乡土文化的同时，更是一个可以盛放游子乡愁的地方，让千里之外的同乡人无论身在何处，都能看清故乡的模样。

【同期声】徐塆村村史馆初创人 吕业民： 因为我这个村史馆主题就是乡愁，所以你看，乡愁是一碗水，乡愁是一杯酒，乡愁是一朵云，乡愁是一生情，记住乡愁，我们从这里出发。这段话把我们内心想说的，把我们的意图全部都说出来了。

记者张思嘉：

很久没有遇到如此走心的采访对象了， 知道要接受采访， 写了满满三页采访提纲 。 白纸 、铅笔 、手书 、 砖墙 、木顶、 展板， 走进这间看似简单甚至有些简陋的村史馆 ，心里竟有一种久违的感动。 河向大海， 我向生活。 每一种平凡的坚持都值得被记录。

——江宁电视台 2017 年 2 月 17 日《江宁新闻》播报

徐塆村史馆留言择录

观徐塆村史馆有感：

徐塆村历史悠久，人文荟萃，能把历史浓缩得如此精炼、翔实，实属不易。编撰者付出了很多心血，谨此表示敬意。

祝徐塆村继往开来，人才辈出。

许国生（徐塆村女婿）
2017年元月

归娘家看到徐塆村史馆，很好，感到很欣慰，感谢吕老师及付出的人。

徐梅香
2017年元月30日

走进村史馆，记住乡愁。
走进村史馆，想起童年。
走进村史馆，想起村落山水。
走进村史馆，想起时代变迁。
祝徐塆村明天越来越好。

徐从家
2017年1月30日

徐塆是个古老的村庄，看了村史馆的这些内容，我感到荣幸。
作为徐塆小学的校友，我在此上完小学，我感到骄傲。
祝徐塆村的教育事业特别是文史教育能更加发扬光大，辉煌未来。

徐塆小学53级校友 李发祥
2017年元月30日

注： 李发祥，高级工程师。1969年毕业于南京航空学院。参加“大三线”航天工业部所属“贵州金江航空液压件厂”建设，历任技术员、车间主任、系统保障部部长、副总工程师。

徐墖村村史馆办得好。浓缩了历史的记忆，传承了农耕文化，记载了村落的变迁，为后辈留下一部生动的历史教材。

走进村史馆勾起儿时的回忆，激起游子的乡愁。徐墖村历史悠久，文化底蕴深厚，风景优美，民风淳朴。我衷心祝徐墖村早日建成美丽乡村。

游子 吕业新

2017年4月2日

历史悠久，人杰地灵的徐墖村留下了童年美好的记忆！村史馆的建立，留住了浓浓的乡愁。

吕 鹏

2017年4月2日

徐墖村历史办得好，写得好，深受感动。

回大连后，对我子女传播，以便了解祖辈历史过程。

感谢村史馆创办人吕业民同志。

徐存柯 殷绍珍

2017年4月2日

村民读村史，村史育村民。

勿忘村史！

林福军

2017年4月6日

青山野老：您好，昨晚我和徐进在村史馆看了一下，展板内容深入浅出，语言易懂，文字优美，展现了您深厚的文字功底，为创建村史馆付出了艰辛劳动，整理，发掘，保留了徐墖村的历史和文化，使全体村民有了再认识徐墖村的机会，使得徐墖村有了村文化，树立了历史文化传承，您的付出，功在当代，利在千秋！必将在村史上留下浓墨重彩的一笔！

圣祝平

2017年2月5日

早安中国，早安吕老！辛苦您了！您的智慧和热情为全区村史馆建设提供了样板！预祝您全家新年快乐岁岁平安！

江宁区委宣传部一干部
2017年1月25日

对村史馆初稿的一点意见

业民：

村史馆文稿已阅。感觉村史史料充实，挖掘深厚，有教育意义。文笔流畅，古文白话交融，写作有高度。写人写事写到重要处，语言明快，引人深思；写景写物写到轻松处，语言活泼，很有味道；写情写活动写到亮点处，文字激昂，有看头。徐塖村历史久远，地理环境山川秀丽风水好，高寿老人多，感谢老祖宗。读村史，很愉快！

阅后只有微微更改意见，请见红色字标记。

另有两点想法供参考：

1. 徐文强，还应该突出他的革命经历和在村史馆的位置。建议以“革命烈士——徐文强”为标题，用红字写出他的简历，突出放在馆内较前位置。并有“向革命烈士致敬！”字句。“强”和“翔”应确定。

2. “跳鼓”这一项，若有影像资料现场放映、配合就好了。可以写报告要求上级（县、区）批准并组织实施。实际上，这不仅是村史需要，更可以上升到非物质文化遗产资料。今年来不及，明年补上也行。

3. 统稿。还需要统稿，包括对标点符号审订。

以上粗浅看法，不要使你为难。

徐存骧（于北京）
2017年1月5日

编史修志 意在传承 功在当代 利在千秋
捐资助建 责无旁贷 善行义举 百世流芳

徐墖村史馆创建捐款名单

姓名	年龄	身份	金额
林福军	48 岁	普通村民	200 元
刘长华	75 岁	村民、原大队书记	600 元
骆有富	84 岁	村民、原社办企业干部	200 元
陈美华	79 岁	村民、中共党员	200 元
张玉喜	89 岁	普通村民	600 元
张萍	39 岁	普通村民	500 元
吕昌黎	9 岁	小学生	500 元
张梅	39 岁	普通村民	500 元
张子江	36 岁	普通村民	500 元
张云	36 岁	普通村民	500 元
张国祥	67 岁	村民、退休干部	1000 元
笪有仲	81 岁	村民、中共党员	100 元
吕克俊	74 岁	普通村民	200 元
王素华	86 岁	普通村民	200 元
傅秋美	55 岁	村民、原社区副书记	200 元
王承二	75 岁	普通村民	300 元
徐从照	69 岁	村民、中共党员	200 元
朱德忠	76 岁	村民、退休干部	1000 元
刘金萍	52 岁	社区党总支书记	1000 元
邹叶华	49 岁	普通村民	1000 元
徐昇亮	45 岁	村民、企业主（汽配厂）	10000 元
王祥		私营企业主（机加厂）	2000 元
江德林		私营企业主（钢管厂）	4000 元
唐建洲		私营企业主（西大塘）	1500 元
左新贵		私营企业主（西大塘）	1500 元

编史修志 意在传承 功在当代 利在千秋
捐资助建 责无旁贷 善行义举 百世流芳

徐墖村史馆创建捐款名单

姓名	年龄	身份	金额
吕业新	83 岁	村民、退休干部	1000 元
徐存骧	80 岁	村民、退休干部	1000 元
徐进	45 岁	村民、大学教授	1000 元
徐存毓	72 岁	村民、退休干部	1000 元
徐祥生	46 岁	村民、企业主	1000 元
陈希	64 岁	退休教师	500 元
吕业萍	58 岁	村民、退休教师	500 元
笪玉海	56 岁	普通村民	1000 元
宫先祥	54 岁	普通村民	100 元
朱德美	53 岁	村民、中共党员	300 元
张子江	36 岁	普通村民	8 张靠背椅
任小四	52 岁	社区干部	600 元
焦文	32 岁	社区干部	600 元
陶杨	32 岁	社区干部	600 元
孙敏	38 岁	社区干部	400 元
陈浩	27 岁	社区干部	400 元
董书龙	29 岁	社区干部	400 元
曹华欣	35 岁	社区干部	400 元
孙发丽	49 岁	社区干部	400 元
祁民生	59 岁	村民、企业主	2000 元
陶存根	56 岁	村民、企业主	2000 元
苏银章	67 岁	村民、原社区书记	1000 元
徐进	49 岁	村民、医生	500 元
圣祝平	49 岁	村民、医务工作者	500 元
潘玉香	55 岁	村民	200 元

后记

历史是一面镜子，是一种教材。编史修志，意在传承。徐墖历史悠久，底蕴深厚，然而历经破坏，许多遗迹和记忆近乎湮灭，进行抢救性挖掘和保护已是非常急迫的任务。

我是个乡情很重、乡愁很浓的人。徐墖村，我生于斯，长于斯。这里的水土养育了我，这里的乡亲教育了我。虽然我曾在外奔波、劳碌三十多年，但家乡始终是我魂牵梦萦的地方。退休后，我落叶归根，又回到了我最最熟悉的山水之间，乡愁得慰，乡情愈浓。

一直想给内心的“乡愁”找一个宣泄的渠道，多年无果。2016 年冬天，青山社区党总支书记刘金萍同志给了我机会，她请我参加青山社区的村史编写工作。我与吴华强、张元祥两位老师一道，花了两个月时间，基本完成了“社区史”的框架，工作告一段落。回到家中，我动起了建立徐墖这个“自然村”的村史馆的念头。之所以能动这个“念头”，一个重要因素是刘金萍君的“敬业”、“担当”精神，以及她对农村文化建设的重视态度，深深地感染了我。她的大力支持和热情鼓励，使我有了信心。我四出采访，座谈讨论，埋头奋笔，加紧制作，用一个半月时间，赶在春节的前两天（腊月二十八日），让“村史馆”开了馆。

一座村史馆，一百多平方米的面积，三四万文字，几十幅图片，五十多块展板，匆匆赶就。其文字之粗陋、制作之粗糙，是在所难免的。但是它经过了村里许多人的反复核实、推敲、讨论，在史实上是站住了脚的。这也算是对祖先、对村民、对后人有了一份交代！徐墖人，不论是现在的村民，还是在外的“游子”，都可以在这里寻到自己的根，获得心灵寄托，让这里成为一个精神家园。

我编撰村史的工作，得到了广大村民的大力支持和协助。许多上了年纪的人，深情回忆，娓娓叙述；许多在外地求学和工作的人，也热情来信来电，表达关切，提供线索和素材。其中贡献较大者有：徐存骧、吕业新、徐在桂、徐在柯、朱世友、徐传英、张玉喜、笪友仲、刘长华、苏银章、苏建东、邹叶华、陈梅兰、徐从照、张国祥、朱德忠、马洪英、徐存杰、陈韶东、苏振和、吴华强、张元祥、陈希等人。对这些同志，我深含谢意。更令我感动的是，有许多人自发地为村史馆捐款，几百、几千、上万元地捐，充分显示了大家的一片情义，一片热心！这也是他们的乡愁、乡情的一种表达！

今年三月底，江宁区“文联”、“史志办”、“乡贤会”的领导和专家学者一行来徐壉指导工作，提出了要出一本“村史书”的任务。这给了我很大压力。但社区领导的重视支持和区里专家的悉心指导，又使我增强了信心。我衷心感激著名文史专家、作家赵慕明先生，他为《古村徐壉》这部书付出了许多心血，帮助查阅和提供了许多史料，对此书的每个章节、每段文字，都做了细致批阅与指点。还有，在这本书的出版上，江宁区有关部门的领导也给予了很多关心。可以说，没有这些“贵人”们相助，这本《古村徐壉》是无法问世的。在这里，我只能由衷地说一声：“谢谢了！”这也是徐壉村古往今来所有村民的谢意！

本书中的不足和差错，恳请方家和读者指正。

编撰者 吕业民

2018 年 9 月 20 日

乡愁是一碗水，

乡愁是一杯酒，

乡愁是一朵云，

乡愁是一生情。

记住乡愁，

我们从这里出发。

图书在版编目（CIP）数据

古村徐塘 / 吕业民著 . -- 南京 : 江苏人民出版社 , 2018.11

ISBN 978-7-214-22787-4

Ⅰ . ①古… Ⅱ . ①吕… Ⅲ . ①村史—江宁区 Ⅳ . ①K295.35

中国版本图书馆 CIP 数据核字 (2018) 第 251060 号

书　　名	古村徐塘
著　　者	吕业民
责任编辑	王　田
出版发行	江苏人民出版社
出版社地址	南京市湖南路1号A楼，　邮编：210009
出版社网址	http://www.jspph.com
印　　刷	南京鸿图印务有限公司
开　　本	787mm × 1092mm　1/16
印　　张	13.5
字　　数	220 千字
版　　次	2018 年 11 月第 1 版　　2018 年 11 月第 1 次印刷
标准书号	ISBN 978-7-214-22787-4
定　　价	66.80 元